郁离子

YULIZI

〔明〕刘 基◎著

光明日报出版社

图书在版编目（CIP）数据

郁离子 /（明）刘基著 . -- 北京：光明日报出版社，
2014.6（2024.3 重印）
（光明岛）
ISBN 978-7-5112-6288-2

Ⅰ.①郁… Ⅱ.①刘… Ⅲ.①政治思想—史料—中国
—明代②笔记—中国—明代—选集 Ⅳ.① D092.48

中国版本图书馆 CIP 数据核字（2014）第 069640 号

郁离子
YULIZI

著　　者：〔明〕刘　基

责任编辑：靳鹤琼　　　　　　　　责任校对：王腾达
封面设计：博文斯创　　　　　　　责任印制：曹　净

出版发行：光明日报出版社
地　　址：北京市西城区永安路 106 号，100050
电　　话：010-67022197（咨询），67078870（发行），67019571（邮购）
传　　真：010-67078227，67078255
网　　址：http://book.gmw.cn
E - mail：lijuan@gmw.cn
法律顾问：北京德恒律师事务所龚柳方律师

印　　刷：北京一鑫印务有限责任公司
装　　订：北京一鑫印务有限责任公司
本书如有破损、缺页、装订错误，请与本社联系调换，电话：010-67019571

开　　本：150mm×220mm　　　　　　印　　张：12
字　　数：150 千字
版　　次：2014 年 6 月第 1 版
印　　次：2024 年 3 月第 4 次印刷
书　　号：ISBN 978-7-5112-6288-2

定　　价：29.80 元

目　录

目
录

千里马第一

千里马

郁离子①之马孳②，得驳骒③焉。人曰："是④千里马也，必致诸⑤内厩⑥。"郁离子悦，从之。至京师，天子使太仆⑦阅方贡⑧，曰："马则良矣，然非冀产⑨也。"置之于外牧⑩。

南宫子朝⑪谓郁离子曰："熹华之山⑫，实维帝之明都⑬，爰有绀羽之鹊⑭，菢而弗朋⑮。惟⑯天下之鸟，惟凤为能⑰，屃其形⑱。于是道凤之道，志凤之志⑲，思以凤之鸣鸣天下⑳。爽鸠㉑见而谓之曰：'子亦知夫木主之与土偶㉒乎？上古圣人以木主事神，后世乃易以土偶。非先王之念虑不周于今之人也，苟求诸心诚，不以貌肖。而今反之矣。今子又以古反之㉓，弗鸣则已，鸣必有戾㉔。'卒鸣之。咬然㉕而成音，拂梧桐之枝，入于青云，激空穴而殷岩峣㉖，松杉柏枫，莫不振柯㉗而和之；横体竖目㉘之听之者，亦莫不蠢蠢焉，熙熙焉㉙。鷙闻而大惕㉚，畏其挺㉛己也，使鹦㉜谗之于王母之使㉝，曰：'是鹊而奇其音，不祥。'使鸱日逐之㉞，进幽昌焉㉟。鹊委羽㊱于海滨，鸀鳿㊲遇而射之，中胠㊳几死——今天下之不内㊴，吾子之不为幽昌而为鹊也，我知之矣。"

【注释】

①郁离子：作者假托的人物，他贯串全书始终，有时是故事的主人公，有时是故事的评论者，在很大程度上是作者本人的化身。郁，文采丰

富的样子；离，八卦之一，代表火，寓意光明；郁离，即政治教化光明。作者借郁离子之口，将自己对哲学、政治、经济、教化、世态、人情等方面的看法发表出来。②孳(zī)：繁殖；生产。③駃騠(jué tí)：一种优良名贵的马。④是：指示代词，此，这。⑤诸：兼词，"之于"二字的连用。⑥内厩：皇宫中的马房。⑦太仆：古代官名，掌管宫廷中的车马。⑧方贡：地方上进献给朝廷的贡物。这里指郁离子所献駃騠。⑨冀产：冀北所产。古时以冀北所产纯色马为良马。冀，地名，在今河北省一带。⑩牧：牧地，郊外。此处指"外厩"，即皇宫外的马房，其待遇低于"内厩"。⑪南宫子朝：虚构的人物。⑫熹华之山：虚构的山名。⑬实维帝之明都：原本是南方天帝的居处，这里指炎帝的居处。⑭爰有绀(gàn)羽之鹊：那里有一种长着深青透红羽毛的鹊。⑮菢(bào)而弗朋：指这种鹊刚孵化出来就显得与众不同。菢，鸟孵卵。⑯惟：思考；想。⑰惟凤为能：只有凤凰最有本领。⑱屣(xǐ)其形：像凤凰的一举一动。屣，鞋，这里活用为动词，引申为"步其后尘"。⑲于是道凤之道二句：前一"道"和前一"志"字均是名词用作动词。此二句意谓：以凤之道为己道，以凤之志为己志。⑳以凤之鸣鸣天下：像凤凰一样向天下发出鸣叫。㉑爽鸠：鸟名，一种雄鹰。㉒木主之与土偶：即木刻的神像和泥塑的神像。㉓今子又以古反之：如今你又用古圣人的做法，把今天的做法反过来。㉔戾(lì)：灾戾；罪。㉕咬(jiāo)然：形容鸟的鸣叫声。㉖激空穴而殷岩崆(lóng)：其声音激荡洞穴，震动山崖。㉗柯：草木的枝茎。这里指树枝。㉘横体竖目：古人以"竖体横目"来指人类，而以"横体竖目"来指禽兽。这里泛指鸟类。㉙蠢蠢焉，熙熙焉：这里指听到鸟鸣声受到震动的样子。㉚鳌(áo)闻而大惕：黄鳌闻声而大为惊恐。鳌，即"黄鳌"，传说是一种不祥之鸟。惕，惊恐；戒惧。㉛挻(shān)：夺取；篡取。这里有危害之意。㉜鹨(liù)：鸟名。㉝王母之使：即西王母的使臣。㉞使鸩(yùn)日逐之：让鸩鸟每天都去驱逐它。鸩，即鸩鸟，一种毒鸟。㉟进幽昌：推荐幽昌。幽昌，传说是一种神鸟，它出现的地方就会发生干旱。㊱委羽：羽毛脱落。委，下垂，坠落。㊲鹛鵋(fú róu)：传说中的一种鸟。㊳脰(dòu)：即颈项。㊴内：通"纳"，接纳。

忧　时

郁离子忧，须麋①进曰："道之不行，命也。夫子何忧乎？"郁离子曰："非为是也。吾忧夫航沧溟②者之无舵工也。夫③沧溟，波涛之所积也，风雨之所出也④，鲸鲵蛟蜃⑤于是乎集。夫其负锋铤而含铓锷⑥者，孰不有所俟⑦？今弗虑也，旦夕⑧有动，予将安所适⑨乎？"

须麋曰："昔者太冥主不周⑩，河泄于其岫⑪，且湖⑫。老童过而惴之⑬，谓太冥曰：'山且湖。'太冥怒，以为妖言。老童退，又以语其臣，其臣亦怒曰：'山岂有湖乎！有天地则有吾山，天地湖，山乃湖耳。'欲兵之，老童愕而走⑭。无几，康回⑮过焉，弗肃⑯，又弗防也。康回怒，以头触其山。山之骨皆水裂，土隤于渊，沮焉⑰。太冥逃，客死于昆仑之墟，其臣皆亡厥家⑱。今吾子之忧，老童也。其若之何？"

戚之次且⑲谓郁离子曰："子何为其垂垂也与⑳？子非有愿欲于今之人也，何为其然也？"郁离子仰天叹曰："小子焉知予哉？"戚之次且曰："昔周之娅冶子㉑早丧其父，政属于家僮㉒，沸用贿㉓，于是家日迫㉔。将改父之旧㉕，其父之老不可㉖，僮群诟㉗而出之。其母禁之。僮曰：'老人不知死而弗自靖㉘也。'夫以其父之老与其母之言且不听也，而况于疏远之人乎？忧之何补？只自瘵㉙也。"郁离子曰："吾闻天之将雨也，穴蚁知之；野之将霜也，草虫知之。知之于将萌，而避之于未至，故或徙焉，或蛰㉚焉，不虚其知也。今天下无可徙之地、可蛰之土矣，是为人而不如虫也。诗不云乎：'匪鹑匪鸢，翰飞戾天。匪鳣匪鲔，潜逃于渊㉛。'言其无所往也。吾何为而不忧哉？"戚之次且曰："昔者孔子以天纵之圣㉜，而不得行其道，

3

千里马第一

颠沛穷厄,无所不至,然亦无往而不自得,不为无益之忧,以毁其性也。是故君子之生于世也,为其所可为,不为其所不可为而已。若夫吉凶祸福,天实司㉝之,吾何为而自孽㉞哉?"

【注释】

①须麋:即须眉,指胡子和眉毛。古人常用"须眉"代指男子,此处为人名,是作者虚构的人物。②沧溟:指大海。③夫:助词,常用于句首,表发端。④波涛之所积也二句:意指大海是波涛聚积、风雨出没的地方。⑤鲸鲵蛟蜃(shèn):鲸鲵,即鲸。蛟,古代传说中的一种龙,居于深渊、能发洪水。蜃,大蛤蜊。⑥负锋铤(chán)而含铓(máng)锷(è):意即海中的"鲸鲵蛟蜃"等动物张牙舞爪。锋,兵器的尖端或锐利部分。铤,一种小矛。铓,刀剑等的尖锋。锷,刀剑等的刃。⑦俟:等待。这里指"鲸鲵蛟蜃"等正等待时机伤害渡海者。⑧旦夕:早晚之间。⑨适:往;去。⑩昔者太冥句:从前有位叫太冥的帝王,主宰着不周山。不周,即不周山,神话中西方的大山。⑪岫(xiù):山洞。⑫且泐(lè):将要塌陷、开裂。泐,石头裂开。⑬老童过而愊之:老童经过这里时,感到恐惧万分。老童,传说是古帝颛顼之子。⑭愕而走:惊愕而逃。⑮康回:即共工,古代神话中的人物。⑯弗肃:没有恭敬地引进。肃,敬也。⑰土隤(tuí)于渊二句:意即泥土坠落到水潭里,不周山变成了水泽。隤,崩颓;坠下;倒塌。沮,沮泽,水草丛生的沼泽地带。⑱亡厥家:失去其家园。⑲戚之次且(zī jū):戚,古地名,春秋时属卫国,故址位于今河南濮阳县北。次且,同"趑趄",犹豫不前、欲行又止的样子。此处为人名,是作者虚构的人物。⑳子何为句:您为何悲哀忧愁啊?垂垂,悲哀忧愁的样子。与,同"欤",语气助词,表疑问。㉑娅姹子:作者虚构的人物。㉒政属于家僮:治家之权委托给童仆。㉓沸用贿:铺张浪费,滥用财物。沸,水涌起的样子,这里引申为"挥霍无度"。贿,指财物。㉔迫:窘迫;困厄。㉕旧:老规矩,旧观念。㉖父之老不可:父辈们不许可。㉗群诟:群起辱骂。㉘弗自靖:意即多管闲事。靖,安静。㉙痗(mèi):忧思成疾。㉚蛰(zhé):即蛰伏,动物冬

眠,潜伏起来不食不动。㉛匪鹑(chún)匪鸢(yuān)四句:意即自己不是禽鸟,不能高飞到天际;不是鱼类,不能潜逃到深渊。㉜天纵之圣:意即上天使他成为圣人。㉝司:掌管;执掌。㉞自辜:即自作辜。这里指自己跟自己过不去。

规执政

郁离子谓执政①曰:"今之用人也,徒以具数与②?抑③亦以为良而倚以图治与?"执政者曰:"亦取其良而用之耳。"郁离子曰:"若是,则相国之政与相国之言不相似矣。"执政者曰:"何谓也?"郁离子曰:"仆闻农夫之为田④也,不以羊负轭⑤;贾子⑥之治车也,不以豕骖服⑦,知其不可以集事⑧,恐为其所败也。是故三代之取士⑨也,必学而后入官,必试之事而能,然后用之。不问其系族⑩,惟其贤,不鄙其侧陋⑪。今风纪之司⑫,耳目所寄,非常之选也⑬。仪服云乎哉,言语云乎哉⑭,乃不公天下之贤⑮,而悉取⑯诸世胄⑰、昵近⑱之都那竖⑲为之,是爱国家不如农夫之田、贾子之车也。"执政者许⑳其言而心怃㉑之。

【注释】

①执政:执掌朝政的大臣,即下文的"相国"。②徒以具数与:仅是用来凑数的呢?③抑:连词,表选择,还是。④为田:耕种田地。⑤负轭(è):驾车。轭,驾车时套在牛马颈部的人字形曲木。⑥贾(gǔ)子:商人。⑦不以豕(shǐ)骖(cān)服:不用猪驾车。⑧集事:成事。集,完成;成功。⑨三代之取士:夏、商、周三代选拔人才。⑩系族:世系和家族。⑪不鄙其侧陋:没有瞧不起其低贱的出身。鄙,瞧不起,轻视。⑫风纪之司:掌管法度、纲纪的官署。⑬耳目所寄二句:国家以耳目寄之,其所选的人才关系到国家前途命运。意即选拔人才责任重大。⑭仪服二句:指

统治者选拔人才只注重外表。⑮不公天下之贤：没有公正地对待天下所有的贤士。⑯取：选取，选拔。⑰世胄：世家子弟，贵族后代。⑱昵近：亲近。⑲都那竖：都，闲也。那，美也。竖，未冠者也。这里指大都市的纨绔子弟。⑳许：称赞，称许。㉑忤：触犯；忤逆。

良　桐

工之侨①得良桐焉，斫②而为琴，弦而鼓之③，金声而玉应④。自以为天下之美也。献之太常⑤。使国工⑥视之，曰："弗古。"还之。工之侨以归⑦，谋诸漆工⑧，作断纹焉；又谋诸篆工⑨，作古窾⑩焉，匣而埋诸土⑪。朞年⑫出之，抱以适市⑬。贵人过而见之，易⑭之以百金，献诸朝。乐官传视，皆曰："希世⑮之珍也。"

工之侨闻之叹曰："悲哉世也！岂独一琴哉？莫不然矣！而不早图之，其与亡矣⑯。"遂去，入于宕冥之山⑰，不知其所终。

【注释】

①工之侨：作者虚构的人物。②斫：用刀等工具砍削；雕刻。③弦而鼓之：装上琴弦弹拨音乐。弦，鼓：均为名词用作动词。④金声而玉应：琴发出金属一样的声音，又有玉石般的回声。形容琴声的和谐悦耳。⑤太常：即太常寺，古官名，掌管朝廷祭祀、礼乐的官。⑥国工：指国内技艺特别高超的乐工。⑦以归：省略句，以之归。把琴带回去。⑧谋诸漆工：指到油漆匠那里商议对策。诸，兼词，相当于"之于"。⑨篆工：指从事篆刻的工匠。⑩古窾（kuǎn）：古代的款识。窾，通"款"。指钟鼎彝器上铸刻的文字。⑪匣而埋诸土：装入匣子里再埋入土中。⑫朞（jī）年：指一周年。⑬适市：去市场上。适，去；往。⑭易：交换。这里指买取。⑮希世：稀世，世间少有。⑯其与亡矣：将跟这个社会一起泯灭了。⑰宕冥之山：作者虚构的山名。宕冥，高远而幽深的样子。

巫 鬼

王孙濡①谓郁离子曰："子知荆巫②之鬼乎？荆人尚鬼而崇祠③，巫与鬼争神④，则隐而卧其偶⑤。鬼弗知其谁为之也，乃蠥⑥于其乡。乡之老往祠，见其偶之卧，醮而起⑦焉。鬼见以为是卧我者也，欧⑧之，踣⑨而死。今天下之卧，弗可起矣⑩，而⑪不避焉，无益，只取尤⑫耳。"

【注释】

①王孙濡：作者虚构的人物。②荆巫：楚国的巫师。荆，古代楚国的别称。③荆人句：楚国人崇尚鬼神且重视祭祀。④争神：争着显示神灵。⑤则隐而卧其偶：（巫师）便暗地里将鬼的偶像放倒在地。偶，泥塑或木质的神像。⑥蠥（niè）：同"孽"。为害；作祟。⑦醮（jiào）而起：指祭祀祈祷后，将鬼的偶像立起来。醮，一种祈祷神灵的祭礼。⑧欧：通"殴"。殴打，锤击。⑨踣（bó）：向前跌倒；扑倒。⑩今天下之卧二句：如今的天下就像那个鬼的偶像，倒在地上，不可能扶起来了。意指如今的天下已不可救药了。⑪而：假如，如果。⑫尤：罪过；过错。

乱 几

郁离子曰：一指之寒弗燠①，则及于其手足；一手足之寒弗燠，则周于其四体。气脉之相贯也，忽②于微而至大。故疾病之中人③也，始于一腠理④之不知，或知而忽之也，遂至于不可救。以死，不亦悲夫？天下之大，亡一邑不足以为损，是人之常言也。一邑之病不救，以及一州，由一州以及一郡，及其甚也，然后倾天下之力以救之，无及于病，而天下之筋骨疏矣。是故天下，一身也。一身之肌肉、腠理、血脉之所至，举⑤不可遗也。必不得已而去，则爪甲而已矣。穷荒绝徼⑥，圣人以爪甲视之，虽无所不爱，而损⑦之可也。非若手足指之不可遗，而视其受病以及于身⑧也。故治天下者，惟能知其孰为身，孰为爪甲，孰为手足指，而不逆施之，则庶几乎弗悖矣⑨。

【注释】

①燠(yù)：使动用法，使……温暖，使……热。②忽：疏忽；不经心。③疾病之中(zhòng)人：指疾病已侵入人的躯体。中，侵袭，伤害。④腠(còu)理：中医指皮下肌肉之间的空隙和皮肤、肌肉的纹理，为渗泄及气血流通灌注之处。⑤举：副词，全，都。⑥徼(jiào)：边界；边塞。⑦损：舍弃。⑧视其受病以及于身：眼看着疾病侵害他们并扩散至其全身。⑨庶几乎弗悖矣：也许就不会违背治国之理了。

养 枭

楚太子①以梧桐②之实养枭③，而冀其凤鸣④焉。春申君⑤曰："是枭也，生而殊性⑥，不可易也，食何与焉⑦！"朱英⑧闻之，谓春申君曰："君知枭之不可以食易其性而为凤矣，而君之门下，无非狗偷鼠窃亡赖⑨之人也，而君宠荣之。食之以玉食，荐⑩之以珠履⑪，将望之以国士⑫之报⑬。以臣观之，亦何异乎以梧桐之实养枭，而冀其凤鸣也？"春申君不寤⑭，卒为李园⑮所杀，而门下之士无一人能报者。

【注释】

①楚太子：这里当指楚考烈王的太子，后继位为楚幽王。②梧桐：一种落叶乔木。梧桐被古人认为是凤凰唯一栖止之树。③枭：一种猛禽，

外形很像猫头鹰,昼伏夜出,捕食鼠类,叫声刺耳。④冀其凤鸣:期盼它能发出凤凰的鸣叫声。冀,期盼;希望。⑤春申君:战国时楚国贵族,姓黄名歇。曾为考烈王之相,封为春申君。考烈王死后,被楚贵戚李园杀害。时人将他与齐之孟尝君、赵之平原君、魏之信陵君合称四公子。四公子均以礼贤下士、广招门客著称。⑥殊性:习性特殊。⑦食何与焉:喂它梧桐的果实又能有什么用呢。⑧朱英:春申君的门客,有智谋,后任郎中。曾劝春申君铲除楚贵戚李园,不被采纳,遂出走。⑨亡(wú)赖:无赖。亡,通"无"。⑩荐:赠送。⑪珠履:饰以明珠的鞋子。⑫国士:国内才能最优秀的人物。⑬报:报答;回报。⑭寤(wù):同"悟"。觉悟,醒悟。⑮李园:战国时赵人,曾为春申君舍人,并献其妹给春申君,待其有孕又将其献给楚考烈王,生子为太子,李园由此得贵。后恐春申君将此事泄露,遂杀死春申君。

献　马

　　周厉王使芮伯帅师伐戎,得良马焉,将以献于王。芮季曰:"不如捐①之。王欲无厌②,而多信人之言。今以师归而献马焉,王之左右必以子获为不止一马,而皆求于子。子无以应之,则将哓③于王,王必信之,是贾祸④也。"弗听,卒献之。荣夷公⑤果使有求焉,弗得,遂谮⑥诸王曰:"伯也隐⑦。"王怒,逐⑧芮伯。

　　君子谓芮伯亦有罪焉尔——知王之渎货⑨而启⑩之,芮伯之罪也。

【注释】

　　①捐:弃;舍弃。②厌:满足。③哓(xiāo):哓哓,吵嚷声。这里指进谗言。④贾(gǔ):招引;招致。⑤荣夷公:周厉王的宠臣。⑥谮(zèn):诬陷。⑦伯也隐:即谓芮伯隐藏了财物。⑧逐:驱逐;流放。⑨渎货:贪求财物。渎,通"黩",贪求。⑩启:启发,诱导。

燕王好乌

燕王好乌①，庭有木，皆巢乌②，人无敢触之者，为其能知吉凶而司③祸福也。故凡国有事，惟乌鸣之听④。乌得宠而矜⑤，客至则群呀⑥之，百鸟皆不敢集也。于是大夫、国人咸事乌⑦。乌攫腐以食⑧，腥于庭，王⑨厌之，左右曰："先王之所好也。"一夕，有鸱止⑩焉，乌群睨而附之，如其类⑪。鸱入，呼于宫。王使射之。鸱死，乌乃呀而啄之，人皆丑之。

【注释】

①燕王好乌：燕王喜爱乌鸦。②皆巢乌：树上全都筑满了乌鸦巢。巢，名词用作动词，筑巢。③司：掌管；主管。④故凡国有事二句：所以，凡是国家有重大的事情，就只听信乌鸦的鸣叫声来做决断。⑤矜：骄傲。⑥呀：叫嚷。⑦咸事乌：全都侍养乌鸦。⑧攫腐以食：抢夺腐烂腥臭的东西吃。⑨王：燕王的继任者。⑩鸱(chī)止：猫头鹰飞落下来。鸱，猫头鹰。止，飞落。⑪乌群睨(nì)二句：乌鸦都斜视着它，然后靠近它，好像对待自己的同类一样。睨，同"睨"。斜视。

八　骏

穆天子得八骏①，以造王母②。归而伐徐偃王③，灭之。乃立天闲④、内、外之厩。八骏居天闲，食粟日石⑤；其次乘居内厩，食粟日八斗；又次居外厩，食粟日六斗；其不企⑥是选者，为散马，散马日食粟五斗；又下者为民马，弗齿于官牧⑦。以造父⑧为司马⑨，故天下之马无遗良，而上下其食者，莫不甘心焉。

穆王崩⑩，造父卒，八骏死，马之良驽⑪莫能差⑫，然后以产区焉^⑬。故冀之北土纯色者为上乘，居天闲，以驾王之乘舆^⑭；其庬^⑮为中乘，居内厩，以备乘舆之阙^⑯，戎事用之；冀及济河以北居外厩，诸侯及王之公卿大夫及使于四方者用之；江淮以南为散马，以递传、服百役，大事弗任^⑰也。其士食亦视马高下，如造父之旧。

及夷王^⑱之季年^⑲，盗起。内厩之马当服戎事，则皆饱而骄，闻钲鼓^⑳而辟易^㉑，望旆^㉒而走。乃参以外厩^㉓。二厩之士不相能^㉔。内厩曰："我乘舆之骖服^㉕也。"外厩曰："尔食多而用寡，其奚以先我^㉖。"争而闻于王。王及大臣皆右^㉗内厩。既而与盗遇，外厩先，盗北^㉘；内厩又先，上^㉙以为功。于是外厩之士马俱懈^㉚。盗乘而攻之，内厩先奔，外厩视而弗救，亦奔。马之高足骧首者^㉛尽没^㉜。王大惧，乃命出天闲之马。天闲之马实素习吉行^㉝，乃言于王，而召散马。散马之士曰："戎事尚力，食充则力强。今食之倍者且不克荷^㉞，吾侪^㉟力少而恒劳，惧弗肩^㊱也。"王内省而惭，慰而遣之，且命与天闲同其食。而廪粟不继^㊲，虚名而已。于是四马之足交于野^㊳，望粟而取。农不得植，其老羸皆殍，而其壮皆逸入于盗，马如之。

王无马，不能师，天下萧然。

【注释】

①穆天子得八骏：周穆王得到八匹骏马。穆天子，即周穆王，是古代最富于传奇色彩的帝王之一。②造王母：去拜访西王母。③徐偃王：穆王时徐国国君。乘周穆王西征之机，率兵叛周，自称徐偃王，后被周穆王所灭。④天闲：古时指帝王的马厩。闲，马厩。⑤食（sì）粟日石：每天喂马一石粟。石，旧时计算容器的单位，十斗为一石。⑥企：踮起脚，引申为"企及"、"赶上"。⑦弗齿于官牧：不在官府饲养之列。齿，并列，在一起。牧，这里指饲养。⑧造父：周穆王时的善御者。⑨司马：古官名。这里指主管马政的官。⑩崩：古代称帝王、皇后之死为"崩"。⑪良驾：优

劣。驾,劣马。⑫差:区别,识别。⑬以产区焉:以产地来区分。⑭乘舆:指帝王的车驾。⑮厖(máng):错杂;乱。这里指杂色的马。⑯阙:同"缺",缺少。⑰任:用,承担。⑱夷王:即姬燮,周代国君,穆王后代,是西周第九代帝王。⑲季年:末年;晚年。⑳钲(zhēng)鼓:古代行军打仗时用的两种乐器,以鸣钲擂鼓作为行军作战的信号。㉑辟易:因受惊而退避。㉒旆(pèi):泛指旌旗。㉓参以外厩:命令外厩的马参加战斗。㉔不相能:不和睦,不亲善。㉕骖(cān)服:古代一车四马,其中居中的两匹马为"服",旁边两匹马为"骖"。这里统称驾车的马。㉖其奚以先我:凭什么要我们为先? 指先让我们去冲锋陷阵。㉗右:袒护;亲近。㉘北:败逃。㉙上:指天子。㉚懈:懈怠;懒惰。这里指泄气。㉛高足骧(xiāng)首者:即高头大马。骧首,马首昂举。㉜没:覆没;败亡。㉝素习吉行:向来习惯在平安的环境中为天子拉车。㉞不克荷:不能担负。荷,担负;承担。㉟吾侪(chái):我辈。侪,辈,类。㊱肩:担负。㊲廪粟不继:仓库里的粮食供应不上。㊳四马之足交于野:指四种马散放在野外,马足相交。四马,指天闲之马、内厩之马、外厩之马和江淮以南的散马。

蜀 贾

蜀贾①三人皆卖药于市。其一人专取良②,计入以为出,不虚价,亦不过取赢③。一人良不良皆取焉,其价之贱贵,惟买者之欲,而随以其良不良应之④。一人不取良,惟其多卖,则贱其价,请益,则益之不较⑤。于是争趋之,其门之限⑥月一易⑦,岁余而大富。其兼取者趋稍缓,再期⑧亦富。其专取良者,肆日中如宵⑨,旦食而昏不足。

郁离子见而叹曰:"今之为士者亦若是夫! 昔楚鄙⑩三县之尹⑪三:其一廉而不获于上官,其去也,无以僦⑫舟,人皆笑以为痴;其一择可而取之,人不尤⑬其取,而称其能贤;其一无所不取,以交于上官,子吏卒而宾富民⑭,则不待三年,举而任诸纲纪之司⑮,虽百姓亦称其善。不亦怪哉!"

【注释】

①蜀贾(gǔ):蜀地的商人。蜀,古地名,在今四川成都一带。贾,商人。②专取良:专收购上等药材。③亦不过取赢:也不索取过多的盈利。④惟买者之欲二句:根据买者的意愿,想要贵的,就卖给他们优质药材,想要贱的,就卖给他们劣等药材。⑤请益,则益之不较:顾客要求添点,就添点,不太计较。意为做买卖时,不跟顾客锱铢必较。益,增添;增加。⑥限:门槛。⑦易:更换。⑧再期:即两周年。期,一周年。⑨肆日中如宵:即使是中午时分,其店铺也像夜晚一样冷清。意为生意不好。肆,店铺。⑩鄙:边疆;边远地区。⑪尹:古代长官,这里指县官。⑫僦(jiù):雇用;租赁。⑬尤:责怪;怨恨。⑭子吏卒句:把吏卒当作子女,把富豪当作贵宾。子、宾,均是名词用作动词。⑮举而任诸句:被举荐到吏部去做官。举,推荐;举荐。纲纪之司,指掌管考核官吏的中央机构吏部。

贿赂失人心

北郭氏①之老卒,僮仆争政②。室坏不修,且压③。乃召工④谋之。请粟,曰:"未闲,女姑自食⑤。"役人告饥,莅事者⑥弗白⑦而求贿⑧,弗与,卒不白。于是众工皆惫恚⑨,执斧凿而坐。会天大雨霖,步廊之柱折,两庑⑩既圮⑪,次及于其堂,乃用其人之言,出粟具饔饩以集工⑫,曰:"惟所欲而与,弗靳⑬。"工人至,视其室不可支,则皆辞。其一曰:"向也吾饥,请粟而弗得。今吾饱矣。"其二曰:"子之饔饩⑭矣,弗可食矣。"其三曰:"子之室腐矣,吾无所用其力矣。"则相率而逝,室遂不葺⑮以圮。

郁离子曰:"北郭氏之先以信义得人力,致富甲天下。至其后世,一室不保,何其忽也⑯!家政不修,权归下隶,贿赂公行,以失人心，非不幸矣[17]。"

【注释】

①北郭氏：北郭，复姓。文中的北郭氏或是春秋时齐国大夫北郭子车之后。②争政：争夺管理家务的权力。政，这里指家政。③压：崩坏。这里指房顶倒塌。④工：工匠。⑤女姑自食：你们暂且自备食粮吧。女，通"汝"，你们。⑥莅事者：负责人。⑦白：禀报；汇报。⑧求贿：索贿。⑨悢恚(huì)：疲惫不堪，怨愤不断。⑩庑(wǔ)：正房对面及两侧的小屋子。⑪圮(pǐ)：倒塌；毁坏。⑫出粟句：发放粮米备下饭菜招揽工匠。饔(yōng)饩(xì)，古代诸侯行聘礼时接待宾客的大礼，馈赠较多。这里指丰盛的饭菜。⑬靳(jìn)：吝啬；吝惜。⑭餲(ài)：食物经久而变质，有馊臭味。⑮葺(qì)：修理房屋。⑯何其忽也：变化是多么迅速呀。忽，迅速。⑰非不幸矣：并非是不幸，意指咎由自取。

请舶得苇筏

　　阏逢敦牂之岁①，戎事大举。有荐瓠里子宓②于外阃③者曰："瓠里先生实知兵，可将也④。"聘至，瓠里子过⑤郁离子，辞⑥，且请言焉。郁离子仰天叹曰："嗟乎悲哉！是举也忠矣，而独不为先生计哉？"瓠里子曰："何谓也？"郁离子曰："昔者秦始皇帝东巡，使徐市⑦入海求三神蓬莱之山。请舶⑧，弗予，予之苇筏⑨。辞⑩曰：'弗任⑪。'秦皇帝使谒者⑫让⑬之曰：'人言先生之有道⑭也，寡人⑮听之。而必求舶也，则不惟人皆可往也，寡人亦能往矣，而焉事先生为哉？'徐市以应，退而私具舟，载其童男女三千人，宅海岛而国焉⑯。秦皇帝留连海滨，待徐市不至，不得三神山而归，殂⑰于沙丘。今之用事者⑱，皆肉食⑲。吾恐先生之请舶而得苇筏也。"既而果不用瓠里子。

【注释】

①阏逢(yān pēng)敦牂(zāng)之岁:或指元至正十四年(1354年)。②郁(hú)里子宓(fú):作者虚构的人物。③外阃(kǔn):郭门之外。引申为京城以外的武将或文官。④可将也:可以任命他做将领。⑤过:探望;拜访。⑥辞:辞别。这里指向郁离子辞行告别。⑦徐市(fú):一作徐福。秦朝方士,曾奉秦始皇之命入海寻求不死之药。⑧舶:泛指航海的大船。⑨苇筏:用芦苇、竹木等编成的简陋的渡水工具。⑩辞:辞谢;推辞。⑪弗任:不能胜任。⑫谒者:古官名,掌管接待宾客。⑬让:责备;责问。⑭有道:有仙术。这里指道教所谓的腾云驾雾之类。⑮寡人:古代君主的谦称。⑯宅海岛而国焉:在海岛上定居并建立了国家。宅、国,均是名词活用为动词。⑰殂(cú):死亡。⑱用事者:当权者。⑲肉食:指见识浅陋,目光短浅之人。

喻 治

郁离子曰:治天下者,其犹医乎! 医切脉以知证,①审证以为方②。证有阴阳虚实,脉有浮沉细大,而方有汗下、补泻、针灼、汤齐之法,③参苓、姜桂、麻黄、芒硝之药,随其人之病而施焉。当则生,不当则死矣。是故知证知脉而不善为方,非医也,虽有扁鹊④之识,徒哓哓⑤而无用。不知证不知脉,道听涂⑥说以为方,而语人曰:"我能医。"是贼⑦天下者也。故治乱,证⑧也;纪纲⑨,脉也;道德、政刑⑩,方与法也;人才,药也。夏⑪之政尚⑫忠,殷⑬承其敝⑭,而救⑮之以质⑯。殷之政尚质,周⑰承其敝,而救之以文⑱。秦用酷刑苛法,以箝⑲天下,天下苦之;而汉承之以宽大,守之以宁壹⑳。其方与证对,其用药也无舛㉑,天下之病有不瘳㉒者,鲜矣。

【注释】

①医切脉以知证：医生通过切脉知晓病况。切脉，即按脉，中医诊断病症方法之一。证，症候；病况。后多作"症"。下同。②方：方子；药方。③而方有汗下句：汗下，指"发汗"。中医的治疗方法之一，用药物等使身体出汗，进而达到散热和调节体温等作用。补泻，针灸学术语。"补"，即通过针刺手法以达到扶助正气的作用。"泻"，即通过针刺手法以达到祛除病邪的作用。针灼，即"针灸"。汤齐，即"汤剂"。中药的一种制剂，将药物加水煎煮，取汁饮服的汤液。④扁鹊：战国时齐人，著名医学家，是中医学切脉诊断方法的倡导者。⑤哓哓(xiāo)：吵嚷声。⑥涂：通"途"。道路。⑦贼：残害。⑧证：原本作"政"。⑨纪纲：法度；伦常。⑩政刑：政令，刑法。⑪夏：我国历史上第一个朝代，由启创立，后为商所灭。⑫尚：尊崇。⑬殷：商代，由汤建立，因盘庚迁都于殷，故名，后为周所灭。⑭承其敝：延续其弊病。⑮救：补救。⑯质：朴实。这里指商朝制度简略，不注重形式。⑰周：朝代名，周武王灭商后建立，后被秦所灭。⑱文：文采，形式。这里指周朝制礼作乐，注重礼仪，讲究规矩。⑲箝(qián)：箝制，胁迫统治。⑳而汉承之二句：汉朝取代秦朝后，一改前朝的酷刑苛法，采用休养生息政策及相对宽缓的方法去管理国家，进而使国家安定统一。宁壹，安定统一。㉑舛(chuǎn)：谬误；错乱。㉒瘳(chōu)：指痊愈。

噪　虎

郁离子以言忤①于时，为用事者所恶，欲杀之。大臣有荐其贤者，恶之者畏其用，扬言毁诸庭②。庭立者多和③之。或④问和之者曰："若⑤识其人乎？"曰："弗识，而皆闻之矣。"或以告郁离子，郁离子笑曰："女几之山⑥，乾鹊⑦所巢。有虎出于朴樕⑧，鹊集而噪⑨之。鸲鹆⑩闻之，亦集而噪。鹎鶋⑪见而问之曰：'虎，行地者也，其如子何哉而噪之也⑫？'鹊曰：'是啸而生风，吾畏其颠吾巢，故噪而去之⑬。'问于鸲鹆，鸲鹆无以对。鹎鶋笑曰：'鹊之巢木末⑭也，畏风,故忌虎。尔穴居^⑮者也,何以噪为^⑯!'"

【注释】

①忤:触犯;忤逆。②扬言毁诸庭:在朝廷上夸大缺点诋毁他。③和:附和;相应。④或:无定代词,有人,有些人。⑤若:第二人称代词,你,你们。⑥女几之山:传说中的山名。⑦乾鹊:即喜鹊,因其厌湿喜晴,故又叫乾鹊。⑧朴蔌(sù):小树,灌木丛。蔌,应作"楸"。⑨噪:聒噪,群鸟喧叫。⑩鸲鹆(qú yù):鸟名,俗名八哥。⑪鹎鶋(bēi jū):鸟名,形如乌鸦。⑫其如子句:与你何干而哇哇乱叫呢!⑬去之:使(老虎)离开。去,使动用法。⑭木末:树梢。⑮穴居:住在洞里。⑯何以噪为:为什么也跟着乱叫呢?

抟　沙

郁离子曰:民犹沙也,有天下者,惟能抟^①而聚之耳。尧舜^②之民,犹以漆抟沙,无时而解^③。故尧崩,百姓如丧考妣^④三载,四海遏密八音,^⑤非威驱而令肃之也^⑥。三代^⑦之民,犹以胶抟沙,虽有时而融,不释然离也^⑧。故以子孙传数百年,必有无道之君而后衰,又继而得贤焉,则复兴。必有大无道如桀与纣^⑨,而人有贤圣诸侯如商汤、周武王^⑩者间^⑪之,而后亡。其无道未如桀、纣者不亡;无道如桀、纣,而无贤圣诸侯适丁其时^⑫而间之者,亦不亡。霸世^⑬之民,犹以水抟沙。其合也,若^⑭不可开,犹水之冰^⑮。然一旦消释,则涣然^⑯离矣。其下者^⑰;以力聚之,犹以手抟沙,拳则合,放则散。不求其聚之之道,而以责于民,曰:"是顽而好叛。"呜呼!何其不思之甚也!

【注释】

①抟(tuán)：集聚，把散碎之物捏聚成团。②尧舜：即"唐尧"和"虞舜"。传说中的两位远古帝王，并称为华夏最早的圣明君主。③无时而解：任何时候都分解不开。意即黏合得非常紧密。④考妣(bǐ)：指死去的父母。父死曰考，母死曰妣。⑤四海遏密八音：举国为尧舜之死而悲痛不已，故停止举乐。遏密，指帝王死后停止举乐。八音，古代对乐器的统称。⑥非威驱而令肃之也：并非以威力驱逼，也不是用政令禁止百姓这样做的。⑦三代：即夏、商、周三代。⑧不释然离也：不会很快就离散。⑨桀与纣：即"夏桀"和"商纣"。桀是夏代最后一个君主。纣是商代最后一个君主。两人均为中国历史上有名的暴君。⑩商汤、周武王：两人均是中国历史上贤明的君主。商汤灭掉了夏桀，建立商朝。周武王灭掉了商纣，建立西周。⑪间：位于其间。⑫适丁其时：恰逢其时。丁，当，遭逢。⑬霸世：指春秋末年战国时期。此时期王道衰微，社会动荡，诸侯崇尚武力，争霸天下，故称"霸世"。⑭若：副词，好像；似乎。⑮犹水之冰：就像水结成了冰。⑯涣然：离散的样子。⑰其下者：即霸世之后，当指秦朝。

虞卿谏赏盗

平原君患盗，①诛之不能禁。或曰："更赏之，足则戢矣。②"虞卿③曰："不可，先王立赏罚，以劝惩善恶。衰世之政也，虽微④，犹足以激其趋⑤。故赏禁僭⑥，罚禁滥，县衡⑦以称之，犹惧其不平也，而况敢逆施之乎？夫民之轻禁以逞欲⑧，如水之决，必有所自，求而塞⑨之，斯可矣。今此之不塞，而力遏其流，至于不能制⑩，乃不省其阙⑪，而欲矫⑫以逆先王之法度，是犹欲止水而去其防⑬也，其庸⑭有瘳⑮乎？夫民，有欲而无厌⑯者也，节以制之，⑰犹或逾焉⑱。盗而获赏，利莫大矣，利之所在，民必趋⑲焉。趋而禁之，是贰政⑳也；趋而不禁，人尽盗矣。是鼓乱㉑也，不臧孰甚焉㉒。"

平原君豁然而寤^㉓，起，再拜^㉓受教。尽散其私财，以济贫乏，申明旧章，^㉔而重购^㉕以赏获盗者。于是赵盗皆走^㉖之燕^㉗，道不拾遗，虞卿之教也。

【注释】

①平原君患盗：平原君担心平民造反。平原君，即赵胜。战国时赵国贵族，惠文王之弟。曾任赵相，时人将他与齐之孟尝君、楚之春申君、魏之信陵君合称四公子。四公子均以礼贤下士、广招门客著称。患盗，以平民造反为患。②更赏之二句：改为奖赏盗贼，他们得到满足后，自然就不会再造反了。更，改。戢（jí），收藏兵器，引申为"止息"、"收敛"。③虞卿：即虞庆，一作吴庆。战国时人。能言善辩，因进说赵孝成王，被任为上卿，故称虞卿。后发愤著书，著有《虞氏春秋》十五篇。④微：微弱。⑤激其趋：指激励百姓向善。⑥僭（jiàn）：超越本分。⑦县衡：指悬着秤杆。县，同"悬"。吊挂，悬挂。衡，秤杆，秤。⑧轻禁以逞欲：轻视禁令以放纵私欲。逞，放纵；肆行。⑨塞：堵塞。⑩制：遏制；制止。⑪不省（xǐng）其阙：不知晓自己的过失。省，知晓。阙，过失；缺误。⑫矫：纠正。⑬防：堤坝；河堤。⑭庸：副词。难道，岂。⑮瘳（chōu）：即痊愈。这里作者用治病来比喻治水、治国等道理。⑯厌：满足。⑰节以制之：制定法令制度以制约他们。节，法则；法度。制，制约；禁止。⑱犹或逾焉：尚且有可能逾越。逾，逾越；超过。⑲趋：追求；追逐。⑳贰政：国家政令自相矛盾。贰，不一致；两样。㉑鼓乱：鼓动百姓叛乱。㉒不臧（zāng）孰甚焉：还有什么比这种情况更不好的呢？臧，好；善。㉓再拜：即先后拜两次。古代的一种礼节，表示礼节隆重。㉔申明旧章：申明先王的规章制度。旧章，这里指先王制定的规章制度。㉕重购：重金悬赏征求。㉖走：疾趋；逃跑。㉗燕：燕国，战国七雄之一，辖境在今北京、河北北部、辽宁西部一带，后为秦所灭。

鲁般第二

鲁　般

郁离子之市①，见坏宅而哭之恸②。或曰："是犹可葺与？③"

郁离子曰："有鲁般④、王尔⑤则可也，而今亡矣，夫谁与谋之？吾闻宅坏而栋不挠⑥者，可葺。今其栋与梁皆朽且折矣，举之则覆，不可触已。不如姑仍之，⑦则甍⑧桷⑨之未解⑩者犹有所附，以待能者。苟振而摧之，将归咎于葺者，弗可当⑪也。况葺宅必新其材⑫，间⑬其蠹⑭腐，其外完而中溃者悉屏⑮之。不束⑯橡⑰以为楹⑱，不斫柱以为椽。其取材也，惟其良，不问其所产。枫、柟、松、栝、杉、槠、柞、檀，无所不收。大者为栋为梁，小者为杙⑲为栭⑳，曲者为枅㉑，直者为楹，长者为榱㉒，短者为棁㉓，非空中而液身㉔者，无所不用。今医间之大木竭矣㉕，规矩无恒㉖，工㉗失其度㉘，斧锯刀凿，不知所裁，桂樟柟栌，剪为樵㉙薪。虽有鲁般、王尔，不能轻施其巧，而况于无之乎！吾何为而不悲也！"

【注释】

①之(zhì)市：到集市上。之，往；到。②恸：极其悲哀；痛哭。③是犹可葺(qì)与：这房屋还可修理吗？是，指示代词，这。④鲁般：春秋时鲁国人，公输氏，名般，我国古代的建筑工匠，为中国建筑工匠的"祖师"。⑤王尔：人名，我国古代著名的建筑工匠。⑥挠：弯曲。⑦不如姑仍之：不如暂且保持原样。仍，沿袭；依照。⑧甍(méng)：指屋脊。⑨桷(jué)：

方形的木橡。⑩解：离散，这里指瓦解断裂。⑪弗可当：承担不起。⑫新其材：换上新材料。⑬间：更换。⑭蠹(dù)：即蛀蚀。⑮屏(bǐng)：除去；摈弃。⑯束：缚，捆。⑰橼(chuán)：橼子。安在梁上支架屋面和瓦片的木条。⑱楹(yíng)：厅堂前面的柱子。⑲杙(yì)：小木桩；小木条。⑳栭(ér)：即斗拱，柱上支持大梁的方木。㉑枅(jī)：柱上的横木。㉒榱(cuī)：指屋橼。㉓梲(zhuō)：同"棳"，大梁上的短柱。㉔空中而液身：中空且浸水的木头。㉕闾间之大木竭矣：修造大门的大木头用尽了。间，里巷的大门。这里指房屋的大门。竭，用尽，没有。㉖规矩无恒：指建造房子没有固定的规矩法度。㉗工：指工匠。㉘度：标准。㉙楢(yǒu)：木柴。

九尾狐

　　青丘①之山，九尾之狐居焉。将作妖，求髑髅②而戴之，以拜北斗③，而徼福④于上帝。遂往造共工之台⑤，以临九丘⑥。九丘十薮⑦之狐毕集，登羽山⑧而人舞⑨焉。有老狻⑩见而谓之曰："若⑪之所戴者，死人之髑髅也。人死，肉腐而为泥，枯骨存焉，是为髑髅。髑髅之无知，与瓦砾无异，而其腥秽，瓦砾之所不有，不可戴也。吾闻鬼神好馨香而悦明德，腥臊秽恶，不可闻也，而况敢以渎⑫上帝？帝怒不可犯也。弗悔，若必受烈祸。"

　　行未几，阏伯之墟⑬猎人邀⑭而伐⑮之，攒弩⑯以射其戴髑髅者。九尾之狐死，聚群狐而焚之，沮三百仞，⑰三年而臭乃熄。

【注释】

　　①青丘：古代传说中的海外国名。②髑髅(dú lóu)：即骷髅。死人的头骨。③拜北斗：指礼拜北斗星。古代祭天的一种仪式。北斗，北斗七星。④徼(jiǎo)福：祈求保佑。徼，求取。⑤往造共工之台：指前往共工台。共工之台，神话中的高台，上通于天。造，到。⑥临九丘：俯视九州

大地。临,俯视,居高看低。九丘,原为古书名。后借指九州。因古代中国分为九州,故九州也指中国。⑦九丘十薮(sǒu):指九州方圆所有地方。薮,湖泽。⑧羽山:山名,传说大禹父亲鲧被舜杀死在此山。⑨人舞:像人一样跳舞。⑩狽:传说中的一种野兽,与狼同类。⑪若:第二人称代词,你们。⑫渎:亵渎;轻慢。⑬阏(yān)伯之墟:指阏伯当年住过的废墟。⑭邀:截击;阻拦。⑮伐:讨伐;攻击。⑯攒(cuán)弩:聚集许多弓箭。攒,聚集。弩,用机械发箭的弓。⑰沮三百仞:堆积达三百仞高。指恶臭冲天。沮,毁坏,败坏。引申为"堆积"。仞,古代长度单位。七尺或八尺为一仞。

东都旱

汉愍帝①之季年②,东都③大旱,野草皆焦,昆明之池竭④。洛巫⑤谓其父老曰:"南山之湫⑥有灵物,可起⑦也。"父老曰:"是蛟⑧也,弗可用也。虽得雨,必有后忧。"众曰:"今旱极矣,人如坐炉炭。朝不谋夕,其暇计后忧乎?⑨"乃召洛巫,与如湫,⑩祷而起之。酒未毕三奠⑪,蛟蜿蜒⑫出。有风随之,飕飕然,山谷皆殷⑬。有顷,⑭雷雨大至,木尽拔。弥三日不止,伊、洛、瀍、涧⑮皆溢⑯,东都大困。始悔不用其父老之言。

【注释】

①汉愍(mǐn)帝:指汉献帝刘协。三国蜀汉给刘协的谥号为"愍帝"。②季年:晚年;末年。③东都:即洛阳。因西汉建都长安,故称洛阳为东都。④昆明之池竭:即昆明池里的水干涸了。昆明池,池名。汉武帝时修造。故址位于今陕西西安市西。这里代指东都洛阳的池沼。竭,干涸。⑤巫:古代以求神、卜筮、星占等为职业的人。⑥湫(qiū):深潭。⑦起:起用。这里指降雨。⑧蛟:蛟龙。古代传说中的一种龙,居于深渊、能发洪水。⑨其暇计后忧乎:哪有时间去考虑后患呢?⑩与如湫:一

块儿前往水潭。如,往;去。⑪奠:向鬼神敬献酒食。⑫蜿蜒:曲折爬行的样子。⑬殷:雷声;震动声。⑭有顷:过了一会儿。⑮伊、洛、瀍(chán)、涧:均为河流名,皆流经洛阳一带。⑯溢:水满而流出来。这里指洪水泛滥。

萤与烛

郁离子曰:萤之为明,微微也。①昏夜得之,可以照物。取而置诸烛下,则黝然亡矣②。烛亦明矣哉,而不能不晦③于月也。太阳出矣,月之明又安在哉?故狗制④狐,豹制狗,虎制豹,狻猊⑤制虎。魏、吴、晋、宋、齐、梁、陈、隋之君⑥,惟其不当汉祖之时⑦也,使其在汉祖之时,不敢与布越伍,⑧而况能南面⑨哉?是故汤武⑩不作⑪,而后有桓文⑫;桓文不作,而后有秦。秦之王,适逢六国之皆庸君,故有贤人弗能用,而秦之间得行⑬。呜呼,岂秦之能哉!⑭

【注释】

①萤之为明,微微也:萤火虫发出的亮光是极其微弱的。②黝(yǒu)然亡矣:黑暗消失了。黝然,深黑色。这里指车载斗黝然无光的样子。亡,消失;消亡。③晦:昏暗,不明亮。④制:控制,制服。⑤狻猊(suān ní):传说中的一种形如狮的猛兽。⑥君:君主,这里指开国之君。⑦当汉祖之时:指处在汉高祖刘邦时代。当,处在……之时。汉祖,即汉高祖刘邦。⑧不敢与布越伍:不敢与布、越相提并论。意指只能屈居于英布、彭越之下,难以与他们平起平坐。布,指英布。曾坐法黥面,故又称黥布。秦末率众起义,属项羽,作战常为先锋,以勇猛著称,封九江王。楚汉战争中归汉,封淮南王,从刘邦击灭项羽于垓下。汉初封诸侯王。后举兵反汉,战败被杀。越,指彭越。秦末从项羽起兵,后归汉,屡建大功,封梁王。后因谋反被诛。伍,同列,同辈。⑨南面:古代以面向南为尊位,帝王的座位面向南,故称居帝位为"南面"。⑩汤武:即商汤和周武王。两

人均是中国历史上贤明的君主。商汤灭掉了夏桀,建立商朝。周武王灭掉了商纣,建立西周。⑪不作:没有兴起。作,兴起;振兴。⑫桓文:即齐桓公和晋文公,二人是"春秋五霸"中的霸主。⑬秦之间得行:指秦国利用这个间隙才得以实现霸业,一统天下。⑭岂秦之能哉:哪里是秦国真有本领呢?

德　胜

或问胜天下之道①,曰:"在德②。""何以胜德?"曰:"大德胜小德,小德胜无德。大德胜大力③,小德敌④大力。力生敌,⑤德生力。力生于德,天下无敌。故力者,胜一时者也;德,愈久而愈胜者也。夫力,非吾力也,人各力其力也⑥。惟大德为能得群力⑦,是故德不可穷而力可困⑧。"人言五伯⑨之假仁义也,或曰:"是何足道哉!"郁离子曰:"是非仁人之言也。五伯之时,天下之乱极矣,称诸侯之德无以加焉,虽假而愈于不能,⑩故圣人有取⑪也。故曰:诚胜假,假胜无。天下之至诚,吾不得见矣。得见假之者,亦可矣。"

【注释】

①胜天下之道:取得天下的方法。②德:道德,仁义。③力:武力;威力;权势。④敌:抵抗;匹敌。⑤力生敌:这里指使用武力就会多方树敌。⑥人各力其力:指各人发挥各人的力量。⑦群力:即众人之力。⑧是故德不可穷而力可困:所以道德仁义所产生的力量是无穷尽的,而依靠武力所产生的力量是会衰竭的。困,贫乏,困乏。⑨五伯:即"五霸"。春秋时先后称霸的五个诸侯。通常指齐桓公、晋文公、秦穆公、宋襄公、楚庄王。⑩称诸侯二句:称道诸侯之道德仁义没有比这个时候更多的了,虽然圣人们也知道这些诸侯都是假借道德仁义,但至少认为胜过那些对道德仁义提都不会提的人。愈,胜过;超过。⑪有取:有可取之处。

德胜续篇

郁离子曰:甚矣,仁义之莫强于天下^①也。五伯假之^②,而犹足以维^③天下,而获天下之显名^④,而况于出之以忠、行之以信^⑤者哉!今人谈仁义以口,间取其一二无拂于其欲者,时行焉,将以贾誉也。^⑥及其弗获^⑦,则举^⑧仁义以为迂^⑨而舍之,至于死弗寤。哀哉!

【注释】

①仁义之莫强于天下:天下没有比仁义的力量更强大的了。②假之:假借仁义。假,假借;借助。③维:维系,维持。④显名:显赫之名。⑤出之以忠、行之以信:即从忠义出发,且行动守信。忠,忠义;忠诚。⑥今人四句:现在的人仅是口头上讲仁义,间或选取其中不会与自己私欲相矛盾的几条暂时施行,并以此沽名钓誉。拂,违背;逆。⑦弗获:指没能获得声誉地位。⑧举:列举;提出。这里指借口。⑨迂:迂腐;不合事理。

象　虎

齐愍王^①既取燕灭宋^②,遂伐赵侵魏,南恶楚,西绝秦交,示威诸侯,以求为帝。^③

平原君^④问于鲁仲连^⑤曰:"齐其成乎?^⑥"鲁仲连笑曰:"成哉?臣窃^⑦悲其为象虎^⑧也!"平原君曰:"何谓也?"鲁仲连曰:"臣闻楚人有患狐^⑨者,多方以捕之,弗获。或教之曰:'虎,山兽之雄也,天下之兽见之,咸^⑩詟^⑪而亡其神^⑫,伏而俟命^⑬。'乃使作象虎,取虎皮蒙之,出于牖^⑭下,狐入遇焉,啼而踣^⑮。他日,豕^⑯暴^⑰于其田,乃使伏象虎,而使其子以戈揤^⑱诸衢^⑲。田者呼,豕逸于莽^⑳,遇象虎而反奔衢,获焉。楚人大喜,以象虎为可以皆服天下之兽矣。于是野有如马㉑,被㉒象虎以趋㉓之。人或止之曰:'是驳㉔也,真虎且不能当㉕,往且败。'弗听。马雷呴㉖而前,攫㉗而噬㉘之,颅磔㉙而死——今齐实象虎,而燕与宋,狐与豕也。弗戒,诸侯其无驳乎?"

明年,望诸君以诸侯之师入齐,愍王为淖齿所杀㉚。

【注释】

①齐愍王:即田齐愍王,战国齐宣王之子。②既取燕灭宋:指击败了燕国,灭掉了宋国。③遂伐赵侵魏五句:指齐愍王又攻打赵国,侵犯魏国,与南方的楚国交恶,和西边的齐国绝交,并以此向诸侯示威,想要做天子。④平原君:即赵胜。战国时赵国贵族,惠文王之弟。曾任赵相,时人将他与齐之孟尝君、楚之春申君、魏之信陵君合称四公子。四公子均以礼贤下士、广招门客著称。⑤鲁仲连:战国时齐人,知名策士,能言善辩,曾出游赵国,为赵国伸张正义,解除秦国的威胁。⑥齐其成乎:齐愍王的计划能成功吗? ⑦窃:谦词。私下;私自。⑧象虎:老虎的模型。这里指假扮老虎。⑨患狐:以狐害成灾为患。⑩咸:副词,全都,皆。⑪慴(zhé):同"慑",害怕;恐惧。⑫亡其神:失神落魄。⑬俟命:指等死。俟,等待。⑭牖(yǒu):窗户。⑮踣(bó):倒毙;倒地而死。⑯豕:猪。这里指野猪。⑰暴:糟蹋;损害。⑱掎(jǐ):牵制;拖住。⑲衢:通向四方的大路。⑳莽:茂密的草丛。㉑如马:形状像马的动物,如,像。即下文中所说的驳。㉒被(pī):通"披"。㉓趋:追赶。㉔驳(bó):传说中的一种猛兽,形状似马,专吃虎豹。㉕当:对抗,抵挡。㉖呴(hǒu):通"吼",狂吼。㉗攫:抓取。㉘噬:齿啮;咬。㉙颅磔(lú zhé):指脑袋碎裂。㉚望诸君二句:齐愍王四十年,燕国亚卿乐毅谏言燕昭王讨伐齐国,得到秦、楚、晋等国的响应,由乐毅统率各国精锐之师,攻打齐国,齐愍王出逃。不久,被楚将淖(zhuō)齿所杀。望诸君,即乐毅。乐毅因伐齐有功,被燕昭王封为昌国君。后燕昭王死,燕惠王继位,猜忌乐毅,乐毅为避害逃至赵国,赵封他于观津(在冀州),号为"望诸君"。

玄豹第三

玄 豹

石羊先生^①谓郁离子曰:"呜呼!世有欲盖而彰^②、欲抑而扬、欲揜其明而播其声者^③,不亦异乎^④!"

郁离子喟然^⑤叹曰:"子不见夫南山之玄豹^⑥乎?其始也,黭黭^⑦耳,人莫之知也。雾雨七日不下食,以泽^⑧其毛而成其文^⑨。文成矣,而复欲隐,何其蚩^⑩也!是故县黎之玉^⑪,处顽石^⑫之中,而潜于幽谷之底,其寿可以与天地俱^⑬也。无故而舒其光^⑭,使人瞩^⑮而骇^⑯之,于是乎椎凿来而屝镢发^⑰矣。桂树之轮囷诘樛^⑱,与栲栎^⑲奚异?而斧斤^⑳寻之,不惮阻远者,^㉑何也?以其香之达^㉒也。故曰:欲人之不见,莫若玱其明^㉓;欲人之不知,莫若瘖其声^㉔。是故鹦鹉絷^㉕于能言,蜩蜋获于善鸣^㉖。樗以恶而免割,^㉗瓠^㉘以苦而不烹。何其翳子之烨烨而返子之冥冥乎!^㉙"

石羊先生怅然久之,曰:"惜乎,予闻之晚也!"

【注释】

①石羊先生:本书中出现的"石羊先生"均为作者虚构的人物。②欲盖而彰:本想掩盖事实真相,结果却暴露得更加明显。盖,掩盖。彰,显著;明显。③欲揜(yǎn)其明而播其声者:本想掩盖自己的贤明,结果却使自己的声名更加远播。揜,掩盖;遮蔽。④不亦异乎:难道不觉得奇怪吗?⑤喟(kuì)然:叹息的样子。⑥玄豹:黑豹。玄,黑色。⑦黭黭(huì):

浅黑色。这里指毛色暗淡无光。⑧泽：润饰；润泽。⑨文：花纹；纹理。
⑩蚩：痴愚貌。⑪县（xuán）黎之玉：即悬黎，美玉名。⑫顽石：坚石；未经
斧凿的石块。⑬俱：一样；相同。⑭舒其光：指美玉使其光芒外泄。⑮
瞩：看见。⑯骇：惊诧；诧异。⑰于是乎椎凿来而扃镨发：意即人们看到美
玉的光芒，便拿了锤凿等工具前来开采，并打开箱子把它们装走。椎
（chuí）凿，即锤子和凿子。二者均为采玉的工具。扃（jiōng）镨（jué），这
里指箱子上可以加锁的地方。扃，即箱柜上的插关。镨，指箱子上安锁的
环状物。发，打开。⑱轮囷诘樛（jiū）：指树干盘曲，不合绳墨。轮囷、诘、
樛，三者皆有屈曲、弯曲之意。⑲栲（kǎo）枥（lì）：树木名。即山栲和麻
栎。枥，同"栎"。⑳斧斤：泛指各种斧头。㉑不惮阻远者：指人们不怕路
途艰险遥远去砍伐桂树。惮，畏惧；害怕。㉒香之达：指香味浓烈。达，
显达。㉓眒（wù）其明：使明亮的东西变得昏暗。眒，使动用法，使……昏
暗。㉔瘖（yīn）其声：使它的声音变哑。瘖，使动用法，使……哑。㉕絷
（zhí）：拘执；拘禁。㉖蜩蛮（tiáo mián）获于善鸣：指蝉被抓获因其善于
鸣叫。蜩蛮，蝉，知了。㉗樗（chū）以恶而免割：臭椿因气味难闻而免遭
砍伐。樗，即臭椿，树名。恶，气味不好。㉘瓠（lóu）：即苦匏。一种瓜，
味苦如胆，不可食。㉙何其翳子之烨烨而返子之冥冥乎：何不将自己光
芒遮蔽，回归到愚昧状态中呢？翳（yì），遮蔽；遮掩。烨烨，光明灿烂貌。
返，回归；返回。冥冥，昏暗；幽深。

蚁 垤

　　南山之隈①有大木，群蚁萃②焉，穿其中③而积土其外。于是木
朽，而蚁日蕃④。则分处其南北之柯⑤，蚁之垤⑥瘝如⑦也。一日，野
火至，其处南者走而北，处北者走而南，不能走者，渐而迁于火所未
至。已而，俱爇⑧无遗者。

①隈(wēi):山弯曲隐蔽处。②萃(cuì):聚集;汇集。③穿其中:指穿透了树心。④日蕃:指一天天繁殖生长。蕃,生育,繁殖。⑤柯:草木的枝茎。这里指树枝。⑥垤(dié):也叫"蚁封""蚁冢"。指蚂蚁做窝时,堆积在穴口的小土堆。⑦瘯(cù)如:指蚁冢累累,一个挨一个。瘯,同"簇",丛生。⑧爇(ruò):烧;焚烧。

贿　亡

东南之美①,有荆山②之麋③脐焉。荆人有逐麋者,麋急,则抉④其脐,投诸莽⑤,逐者趋焉⑥,麋因得以逸⑦。令尹子文⑧闻之曰:"是兽也,而人有弗如之者。以贿⑨亡其身,以及⑩其家,何其智之不如麋耶!"

【注释】

①美:美好的东西。这里指名贵的特产。②荆山:山名,位于湖北省西部、武当山东南、汉江西岸。③麋:动物名。似鹿而小,无角。雄麋的肚脐与生殖器之间有麝香腺,所分泌的麝香可作药物或香料。④抉:挖出;剔出。⑤莽:茂密的草丛。⑥趋焉:指奔赴麝香所在的草丛。趋,奔赴。⑦逸:逃逸;逃跑。⑧令尹子文:即斗谷於菟,字子文。春秋时楚国大臣,曾为楚令尹。令尹,古官名。春秋战国时楚国所设,其地位与宰相相当。⑨贿:资财。⑩及:牵连;连累。

惜鹳智

子游①为武城宰②,郭门之垤有鹳③,迁其巢于墓门之表。墓门之老以告④曰:"鹳,知天将雨之鸟也。而骤⑤迁其巢,邑其⑥大水乎?"子游曰:"诺⑦。"命邑人悉具舟以俟⑧。居数日,水果大至,郭门之垤没⑨而雨不止。水且⑩及于墓门之表,鹳之巢翘翘然⑪,徘徊长唳⑫,莫知其所处⑬也。子游曰:"悲哉!是亦有知矣,惜乎其未远⑭也!"

【注释】

①子游:即言偃,字子游。孔子的弟子,仕于鲁。②武城宰:武城的长官。武城,春秋时鲁地,位于今山东费县西南。宰,邑宰,这里指县官。③郭门之垤有鹳:指一只鹳鹊栖息在城门外的小土堆上。郭,外城,在城的外围加筑的一道城墙。垤(dié),小土堆。鹳(guàn),即鹳鹊。水鸟名,形似鹤,喙长,捕食鱼、虾等。④墓门之老以告:看守坟墓的老人把鹳鹊迁巢一事报告给子游。⑤骤:副词,突然。⑥其:表推测、估计。译为"或许""大概"。⑦诺:表示同意的应答声。⑧悉具舟以俟:全都准备好船只等待洪水的来临。悉,全。具,准备;备办。俟,等待。⑨没:淹没。⑩且:副词,将。⑪翘翘然:危险貌。⑫徘徊长唳(lì):鹳鹊在巢边徘徊踌躇着哀号。长唳,长鸣。唳,鸟类高亢的鸣叫。⑬莫知其所处:不知该栖止在何处。⑭未远:近。这里指鹳鹊虽有识见但仍然很有限。

西郭子侨

西郭子侨①与公孙诡随、涉虚俱为微行②,昏夜逾③其邻人之垣④。邻人恶之,坎⑤其往来之涂⑥而置溷⑦焉。一夕又往,子侨先堕于溷,弗言,而招诡随,诡随从之堕。欲呼,子侨掩其口曰:"勿言。"俄而,涉虚至,亦堕。子侨乃言曰:"我欲其无相咥⑧也。"

君子谓西郭子侨非人也,己则不慎,自取污辱,而包藏祸心,以陷其友,其不仁甚矣。

①西郭子侨：与下文公孙诡随、涉虚均系作者虚构的人物。②微行：这里指悄无声息地出行。③逾：越过；跳过。④垣（yuán）：指矮墙。⑤坎：掘坑；挖洞。⑥涂：通"途"。道路。⑦溷（hùn）：厕所。⑧咥（xì）：讥笑。

救　虎

仓筤之山，溪水合流，入于江。有道士^①筑于其上，以事^②佛，甚谨^③。一夕，山水大出，漂室庐^④，塞溪而下，^⑤人骑木乘屋、号呼求救者声相连也。道士具^⑥大舟，躬蓑笠，^⑦立水浒^⑧，督善水者绳以俟^⑨。人至即投木索引之^⑩，所存活甚众。平旦，^⑪有兽身没波涛中，而浮其首，左右盼，若求救者。道士曰："是亦有生，^⑫必速救之。"舟者应言，往以木接。上之，乃虎也。始则矇矇然^⑬，坐而舐^⑭其毛。比及岸，则瞠目眂道士^⑮，跃而攫之仆地^⑯。舟人奔救，道士得不死，而重伤焉。

郁离子曰："哀哉！是亦道士之过^⑰也。知其非人而救之，非道士之过乎？虽然，孔子曰：'观过斯知仁矣。^⑱'道士有焉！"

【注释】

①道士：通常指道教的宗教职业者。这里指僧侣、佛教徒。②事：信奉。③谨：虔诚；恭谨。④室庐：指房屋。⑤塞溪而下：指塞满溪流，顺水而下。⑥具：备办；准备。⑦躬蓑笠：亲自穿上蓑衣，戴上斗笠。⑧浒：水边。⑨督善水者绳以俟：督促熟悉水性的人拿着绳索等候落水人经过。俟，等待。⑩投木索引之：投去木头和绳索将落水者拉上岸。⑪平旦：天大亮之时。⑫是亦有生：落水的兽也是有生命的。⑬矇矇然：指老虎的双目因被水浸泡，模糊不清的样子。⑭舐（shì）：用舌头舔东西。⑮瞠目

眠(shì)道士：瞪大眼睛察看道士。眠，察看。⑯跃而攫之仆地：老虎一跃而起，将道士扑倒在地。攫，用爪抓。仆，向前跌倒。⑰过：过错；错误。⑱观过斯知仁矣：仔细考察某人的过错，就能够知道他是不是仁者了。斯，连词，则。

采　药

　　豢龙先生①采药于山，有老父坐石上，揖②之不起。豢龙先生拱而立。顷之③，老父仰而嘘俯而凝④，其神玉如也⑤。领⑥而笑曰："子欲采药乎？余亦采药者也。今子虽采药而未知药也，知药莫若我。"豢龙先生跪曰："愿受教。"

　　老父曰："坐，吾语子。中黄⑦之山有药焉，龙鳞而凤葩，⑧玉质而金英，⑨宵纳月彩，晨晞日精⑩，宅厚坤⑪以为家，澡沆瀣之流荣，⑫其味不苦不酸，其性不热不寒，淡如也，淳如⑬也，其名曰芝⑭。得而服之，寿考⑮以康，百病不生，皞皞熙熙，⑯跻于泰宁⑰而五百年一遇之。太行之山⑱有草焉，丹荄而紫蕤，⑲根如伏龙，叶如翠翘⑳，葱葱萋萋，㉑蔚茂以齐，㉒其名曰参。得而服之，老者少，少者寿，病者已㉓，尪者起，㉔而三百年一遇之。南条之山㉕有草焉，性温而和，味芳以辛，㉖馥馥芬芬，㉗香气袭人，其名曰术㉘。得而服之，养精益神，救死扶生，去疾除根，瘴疠莫干，㉙寝兴㉚以安，而百年一遇之。岣嵝之山㉛有木焉，碧干而琼枝，㉜绿叶菁菁㉝，上拂穿青，㉞下临曾崖㉟，霜雪洒之而不凝，赤日过之而不炎㊱，其馨菲菲，㊲其味如饴㊳，鬼魅畏之，避不敢窥，其名曰桂㊴。煮而服之，可以祛百邪，消毒淫，㊵扶阳抑阴，㊶敛真归元。㊷岷山之阴㊸有草焉，叶如翠眊㊹，根如团金㊺，味如人胆，禀性酷烈，不能容物，㊻名曰黄良㊼，煮而服之，推去百恶，破症解结，㊽无秽不涤，㊾烦疴㊿毒热51一扫无迹，如司寇52之殛53残贼。之54二物也，有病乃服，无病者不服也，故有弗用，用必中⑤。阴谷有草，状如黄精⑤，背阳而生，入口口裂，着肉肉溃，名曰钩吻⑤；云梦⑧之隰⑤有草，其状如葵⑥，叶露滴人，流为疮痏⑥，刻骨绝筋，名曰断肠之草⑥。之二草⑥者，但有杀人之能，而无愈疾之功，吾子其慎择之哉！无求美弗得，而为形似者所误。"

蓫龙先生愀然⑥而悲，顾求⑥老人，已不知其所之⑥矣。

【注释】

①蓫龙先生：作者虚构的人物。②揖：拱手行礼，以示尊重。③顷之：片刻，一会儿。④仰而嘘俯而凝：仰头呼气，低首凝思。⑤其神玉如也：老人的神色如美玉般晶莹。玉如，即如玉。⑥颔(hàn)：名词用作动词，点头。⑦中黄：本是府库名。这里用作山名。⑧龙鳞而凤葩(pā)：表皮如龙鳞，花朵像凤凰。这里借龙凤来说明灵芝的高贵。龙鳞，龙一样的鳞甲。凤葩，凤一样的花朵。⑨玉质而金英：质地如玉，花朵似金。这里借玉、金来说明灵芝的不凡。⑩宵纳月彩，晨晞日精：夜晚吸纳月亮的光辉，黎明吸收太阳的精华。晞(xī)，晒。这里引申为"吸收"。日精，即太阳的精华。⑪宅厚坤：指扎根于深厚的土地。宅，名词用作动词，居住，扎根。坤，八卦之一。象征地。⑫澡沆瀣(hàng xiè)之流荣：指灵芝夜间沐浴在雾气之中。沆瀣，夜间的水汽、露水。流荣，指流动的水汽。流动的水汽就像飘动的花，极言其美。荣，花。⑬淳如：指味道醇厚。如，语助词，无义。⑭芝：灵芝草，一种菌类植物，药用价值极高。⑮寿考：年高，长寿。⑯皞(hào)熙熙：心情舒畅、精神愉悦的样子。⑰跻(jī)于泰宁：登上安定、太平的境界。跻，登；上升。泰宁，安定；太平。⑱太行之山：即太行山。跨河南、山西两省。⑲丹荑(tí)而紫蕤(ruí)：红色的嫩芽，紫色的花朵。荑，草木的嫩芽。蕤，下垂的花朵。⑳翠翘：翠鸟尾上的长羽毛。㉑葱葱萋萋：草木繁茂的样子。㉒蔚茂以齐：草木长得茂盛整齐。这里指人参长得茂盛而完美。蔚茂，草木茂盛的样子。齐，整齐。㉓已：止，这里指治愈；病愈。㉔尪(wāng)者起：病重屈弱的人恢复健康。尪，屈弱，椎骨向后弯曲之症。㉕南条之山：即南条山。全称为

南条荆山。㉖味芳以辛：指味道芳香且辛辣。㉗馥馥芬芬：指气味芬芳浓烈。㉘术（zhú）：即山蓟，草药名。㉙瘴疠（zhàng lì）莫干：指瘴气之病很难侵入肌体。瘴疠，瘴气引发的疾病。瘴，即瘴气，南方山林中的湿热空气。干，侵犯。莫干，即疾病很难侵入肌体。㉚寝兴：即起卧。寝，就寝，睡觉。兴，起床。㉛岣嵝（gǒu lǒu）之山：即岣嵝山。衡山七十二峰之一，位于湖南衡山县西，系衡山主峰，故衡山又被人们称为岣嵝山。㉜碧干而琼枝：有碧玉般的树干，美玉般的树枝。碧，指青绿色的玉石。琼，美玉。㉝菁菁：茂盛。㉞上拂穹青：向上可与青天相连。穹青，青天，苍穹。㉟曾崖：指高峻的悬崖。曾，通"层"。㊱不炎：感觉不到炎热。这里指不怕太阳烤晒。㊲其馨菲菲：指桂树的香气浓烈。馨，香气。菲菲，香气浓烈。㊳饴（yí）：即饴糖，一种膏状的食糖。㊴桂：树名。又称木樨，通称桂花。㊵消毒淫：消除疾病。毒淫，瘴气浸淫。这里指各种邪恶的疾病。㊶扶阳抑阴：扶助阳气，抑制阴气。㊷敛真归元：聚敛人体的元气。真、元同义，俱指人体的元气。㊸岷山之阴：指岷山的北面。阴，山的北面。㊹翠旄（mào）：旗杆顶上翠绿色的饰物。旄，同"旄"。㊺团金：指圆形的金子。㊻不能容物：不能容纳其他东西。㊼黄良：即大黄，药名。多年生草本，根状茎可入药，味苦，性寒。㊽破症解结：破解症结。结，中医学称腹中结块的病。㊾涤：清除；清洗。㊿烦疴（kē）：疑难疾病。烦，复杂的。(51)毒热：即热毒。中医学称血热会引起疔疮丹毒等病，故称热毒。(52)司寇：古官名。西周始置，主管刑狱、纠察等事务。(53)殛（jí）：诛杀。(54)之：指示代词，这。(55)用必中（zhòng）：只要服用，必定治好病。(56)黄精：药名，百合科。多年生草本。根状茎可入药，味甘，性平。(57)钩吻：又称断肠草、大茶药、胡蔓藤。根、茎、叶皆有剧毒，误食可使人丧命。(58)云梦：即云梦泽，古泽薮名。汉魏之前，云梦泽的范围并不大，晋以后的经学家将云梦泽的范围越说越广，并将洞庭湖包括在内。(59)隰（xí）：低湿处。(60)葵：即冬葵。菊科草本植物。(61)疮痍：创伤。(62)断肠之草：一种毒草。现代中医学认为，断肠草就是钩吻，但本文作者认为它是一种不同于钩吻的毒草。(63)之二草：指钩吻和断肠草。(64)愀然：悲伤的样子。(65)

顾求:回头寻求。⑥⑥之(zhì):去;往。

梓与棘

梓①谓棘②曰:"尔③何为乎修修④而不扬⑤,橾橾⑥而无所容⑦?幽樛于灌莽之中⑧,翳朽箨⑨而不见太阳,不已痛⑩乎?吾干辣穹崖⑪,梢拂九阳⑫,根入九阴⑬,日月过而留其晖⑭,风雨会而流其滋⑮。鸲雏翠鸾⑯,朝夕和鸣,暖霭⑰晴岚⑱,山蒸泽烘,结为祥云,五色备象,⑲八音成声,⑳绚为文章,㉑抱日浮光㉒。蔚兮若濯锦出蜀江㉓,粲兮若春葩曜都房㉔。是以匠石㉕见而爱之,期以为明堂之栋梁㉖。"

言既,㉗棘倚风而啸,振条而吟曰:"美矣哉!吾闻之,冶容色者侮之招,㉘丽服饰者盗之招㉙,多才能者忌之招㉚。今子之美,冠群超伦,名彰㉛于时。泰运未开,构厦无人。吾忧子之不得为明堂之栋梁,而剪为黄肠㉜,与腐肉同归于冥冥之乡㉝,虽欲见太阳,其可得乎?吾长不盈寻㉞,大不逾指,扶疏屈律,㉟不文不理,㊱天不畀㊲之以材,而赐之以刺,使人不敢樵㊳,禽不敢萃㊴。故虽无子之美,而亦无子之忧,则吾之所得多矣,吾又安所求哉!"

【注释】

①梓(zǐ):一种落叶乔木。木质优良,轻软,耐朽,常用来做家具、乐器等。②棘:一种落叶灌木。带刺。③尔:第二人称代词,你。④修修:整齐端正貌。这里用以形容"棘"与其他灌木没有区别。⑤扬:高扬。这里引申为"漂亮"。⑥橾橾(xiāo):橾,大木名。这里两字连用,形容草木茂盛。⑦无所容:没有用处。容,通"庸",用。⑧幽樛(jiū)于灌莽之中:指棘屈身于灌木丛中。幽,幽禁,隐蔽。樛,树木向下弯曲,引申为"纠结""缠绕"。灌莽,灌木丛。⑨翳朽箨(tuò):被腐烂的竹笋皮所遮蔽。

翳,遮蔽。箨,笋壳,竹笋皮。⑩痗(mèi):忧伤;忧病。⑪干竦穹崖:指树干高耸在险峻的悬崖上。竦,高耸;耸立。穹,高。⑫九阳:太阳。这里指天的最高处。⑬九阴:阴暗之地。这里指地的最深处。⑭晖:光辉。这里指日月的光辉。⑮流其滋:雨水渗入树根。滋,汁液,这里指流水。⑯鹓(yuān)雏翠鹜:鸟名,传说与凤凰同类。⑰霭:指云雾。⑱岚:林中的云雾。⑲五色备象:即五色齐备。五色,即青、赤、黄、白、黑。这里泛指各种颜色。⑳八音成声:指空中飘荡着各种美妙的音乐。八音,古代对乐器的统称。㉑绚为文章:指绚丽多彩。㉒抱日浮光:指身边浮动着灿烂的阳光。㉓蔚兮若濯(zhuó)锦出蜀江:如同刚从蜀江中漂洗过的蜀锦那样华美。蔚,华美;有文采。濯,漂洗。㉔粲兮若春葩曜(yào)都房:如同在大花房里熠熠生辉的春花那样绚丽。粲,华美;鲜明。曜,辉映;照耀。都房,指大花房。㉕匠石:古代名叫石的巧匠。这里泛指能工巧匠。㉖期以为明堂之栋梁:期望将我(指梓)做成建造高楼大厦的栋梁。明堂,古代天子宣明政教的大殿。这里泛指殿堂等高楼大厦。㉗言既:言罢。既,终了。㉘冶容色者侮之招:修饰得很娇媚的人会招致侮辱。冶,娇媚。㉙盗之招:招来偷窃。㉚忌之招:招致妒忌。㉛彰:彰显;显扬。㉜剪为黄肠:被人砍伐以制作葬具。剪,砍伐,截断。黄肠,古代的葬具。㉝冥冥之乡:昏暗幽深的地方,这里指暗无天日的阴间地府。㉞长不盈寻:长不满八尺。盈,满。寻,古代的长度单位,一寻为八尺。㉟扶疏屈律:枝条横生,弯曲不展。扶疏,枝叶繁茂分披的样子。这里用以指棘枝条横生。㊱不文不理:不成纹理,即没有条理。㊲畀(bì):付与;给予。㊳樵(qiáo):砍柴。㊴茸:停止;栖止。

蛰父不仕

宋王欲使熊蛰父为司马①,熊蛰父辞②。宋王谓杞离③曰:"薄诸乎?④吾将以为太宰⑤。"杞离曰:"臣请试之。⑥"

旦日⑦,之⑧熊蛰父氏,不遇。遇其仆于途⑨,为道王之意⑩。其仆曰："小人不能知也。然尝闻之⑪，南海之岛人食蛇，北游于中国⑫，腊蛇以为粮。之齐，⑬齐人馆⑭之厚，客喜，侑主人以文趺之脩⑮，主人吐舌⑯而走。客弗喻⑰，为其薄也，⑱戒皂臣求王虺以致之⑲。今王与大夫，无亦犹是与？"

杞离惭而退。

【注释】

①司马：古官名。西周始置。负责军政和军赋。②辞：辞谢，推辞。③杞离：作者虚构的人物。④薄诸乎：是嫌职位低吗？⑤太宰：古官名。掌管王室全部事务，位列六卿，其权力比司马大。⑥臣请试之：请让我去试探一下。⑦旦日：明日，第二天。⑧之：到；往。⑨逵(kuí)：四通八达的道路。⑩为道王之意：指向熊蛰父的仆人说明了宋王的意思。⑪尝闻之：曾经听说。⑫中国：古称中原地区为中国。⑬之齐：到齐国去。之：到；往。⑭馆：名词用作动词，招待。⑮侑(yòu)主人以文趺之脩：用风干的花斑毒蛇肉酬谢主人的盛情接待。侑，酬谢；报答。文，同"纹"，花纹。趺(dié)，一种毒蛇。脩，肉干。⑯吐舌：吓得伸出舌头。⑰喻：明白；理解。⑱为其薄也：以为礼物不够丰厚。薄，意指礼轻。⑲戒皂臣求王虺(huǐ)以致之：命令仆役寻求最大的毒蛇以献给主人。戒，命令，告诫。皂臣，下人；仆役。王虺，最大的毒蛇。致，献给。

化铁之术

郁离子学道于藐乾①罗子冥②，授化铁为金之术。遂往入九折之山，得跃冶之钢③而炼之。以左目取火于太阳，右目取水于太阴④，驱役雷风，收拾鬼神，以集于黄中⑤。浑浑胚胚，⑥如珠在胎；焜焜荧荧⑦，如日将升。仙人皆仰⑧之矣。

山鬼窥而慄⑨焉，啸⑩其徒，谋之曰："有怪，女⑪知之乎？若不早图而待其成⑫,悔无及矣。"乃使獟与�挠之⑬,百端不能破。乃群号而诉诸帝曰:"天生物而赋之形与性,寿夭⑭贵贱司命⑮掌之,弗可移也,夫是谓之天常⑯。今彼将以智夺之,以窃天权,弗可假⑰也。"帝怒,命方伯⑱宵鼓之以狵鞟之鞴⑲,铁跃弗可止,遂不能成金。

【注释】

①薮乾:遥远的乾山。②罗子冥:传说中的山神。③跃冶之钢:指质地优良的钢。④太阴:月亮。⑤集于黄中:指会集于丹田。黄中,即心脏。这里指居于心窝部的中丹田。⑥浑浑胚胚:指所炼之物似胚胎浑混,尚未凝结。⑦焜焜(hùn)荧荧:光芒闪耀。焜,光明。荧,光芒。⑧仰:仰慕;仰望。⑨慄:通"栗",因害怕而哆嗦。⑩嘨:聚集;嘨聚。⑪女:通"汝"。第二人称代词,你们。⑫若不早图而待其成:如果不早做谋划而等他把铁炼成了金。图,谋划。⑬乃使獟(sāo)与segment(líng)挠之:于是派山怪和山鬼去阻挠炼金。⑭寿夭:即长寿和短命。⑮司命:星官名,主管寿夭。⑯天常:天道。⑰假:宽容;宽饶。⑱方伯:相传是殷周时的诸侯之长。⑲狵(máng)鞟(kuò)之鞴(bài):指用杂毛牛皮制作的鼓风吹火之具。

石羊先生

石羊先生谓郁离子曰:"子不知予之忧乎!"郁离子曰:"何为其不知也?"曰:"何以知之?"曰:

周人有好姣服①者,有不足于其心,则忸怩而不置②,必易而后慊③。一日有所之④,袂涅而弗知也⑤。扬扬⑥而趋,乐甚。其友半途而指之涅,则惋而嗟⑦,摄而搔之⑧。涅去而迹在,其心妯妯然⑨,五步而六视,不成行而复。

郑子阳好其妻[10]。其妻美而额𩑦[11]，蔽之以翟[12]，三年未之见。一夕而褫[13]其翟见焉，则怏然[14]不乐，申旦[15]而不寐。其妻虽以翟蔽之，终不好矣。故阴谷之木，生于嵌岩[16]之下，终年不见日月之光而不怨者，不知天之有日月也。

梧丘之野人，[17]种稻以为食，岁储旧而待新，新未尝，不敢竭其旧[18]。旦日之亩视其禾，[19]皆颖而且栗[20]。喜而归曰："新可期[21]矣！"则皆发其旧，与其人饱之。旧且尽而新未熟，不胜其觖望[22]。与其子及妻更往而迭视，蹊[23]其亩而禾愈青。是非禾之返青也，望之者切也。

荆人有走虎而捐其子者[24]，以为虎已食之矣，弗求矣。人有见而告之曰："尔子在，盍[25]速求之？"弗信。从薪者以归，子之[26]。他日，遇而争之，其子弗识矣。

赵王之太子病，召医缓[27]。医缓至，曰："病革[28]矣，非万金之药弗可。"问之，曰："是必得代之赭[29]，荆之玉，[30]岣嵝之沙，[31]禺同青蛉之空曾青[32]，昆仑之紫白英[33]，合浦[34]之珠，蜀之犀，[35]三韩[36]之宝龟，医无闾之珣玗琪，[37]合汞、铅而炼之。一年而和[38]，二年而成，三年而金粟生，则取而埋诸土中，又三年而服之，斯可以起[39]矣。"淳于公[40]闻而笑之曰："诚哉所谓医缓矣！"[41]

庄子之齐，[42]见饿人而哀之。饿者从而求食。庄子曰："吾已不食七日矣。"饿者吁[43]曰："吾见过我者多矣，莫我哀也，[44]哀我者惟夫子。向使夫子不不食，[45]其能哀我乎？"

豢龙先生[46]谓石羊子曰："往予溯[47]于江十日，而风恒从西来；及还而沿[48]又十日，而风恒从东来。从者恚[49]而泣。予唏[50]之曰：'天有风主为予汝乎？[51]何为泣也？'"

【注释】

①好姣服：喜欢穿美丽的服装。姣，服饰美丽。②忸怩而不置：心里

不舒服,不愿穿不喜欢的衣服。不置,放弃,这里指不愿穿。③必易而后慊(qiè):必定要换上喜欢的衣服才感到惬意。易,更换。慊,满足;惬意。④有所之:要到某个地方去。之,去;往。⑤袂(mèi)涅而弗知也:衣袖沾上了黑泥却全然不知。袂,指衣袖。涅,名词用作动词,指沾上黑泥。下文中的两处"涅"则皆为名词,即黑泥。⑥扬扬:得意貌。⑦惋而嗟:既惋惜又叹气。⑧摄而搔之:揭起衣袖搔刮,想要除掉黑泥。⑨妯妯(chōu)然:内心忧伤而不平静的样子。⑩郑子阳好其妻:郑国有个叫子阳的人非常喜欢他妻子。郑,周代诸侯国,后被韩国所灭。子阳,人名。⑪额厴:指额头上有个小涡。厴,指面颊上的微涡。⑫蔽之以翟(dí):用山雉的羽毛将小涡遮住。翟,即长尾的山雉。这里指山雉的羽毛。⑬褫(chǐ):夺去,引申为"脱落"。⑭怏然:心中抑郁不乐的样子。⑮申旦:通宵达旦。申,达。⑯嵌岩:陡峭险峻的山岩。⑰梧丘之野人:梧丘有个农夫。梧丘,地名。野人,指乡野之人,意即农夫。⑱竭其旧:将旧稻吃光。⑲旦日之亩视其禾:天一亮就到农田里察看禾苗。旦日,天明。之亩,到农田去。⑳皆颖而且栗:禾苗全都吐穗且颗粒饱满。颖,禾穗。这里名词用作动词,指吐穗。栗,坚实貌,这里指颗粒饱满。㉑可期:值得期待。这里指"指日可待"。期,期待。㉒觖(jué)望:不满;怨恨。㉓蹊:小路。这里名词活用为动词,指踩出一条小路。㉔荆人有走虎而捐其子者:楚国有位因躲避老虎而舍弃儿子的人。走虎,躲避老虎。捐,舍弃;抛弃。㉕盍:副词,何不。㉖子之:"以之为子"。指砍柴人把被舍弃的小孩当自己儿子抚养。㉗医缓:春秋时名医,秦国人。㉘革(jí):通"亟"。危急,这里指病重。㉙代之赭(zhě):代地的红土。代,古国名,古址在今河北蔚县东北,为赵国所灭。赭,红土。可入药。㉚荆之玉:荆山产的璞玉。传世之宝"和氏璧"即产自荆山。㉛岣嵝(gǒu lǒu)之沙:岣嵝山上的朱砂。岣嵝,山名。衡山七十二峰之一,位于湖南衡山县西,系衡山主峰。沙,通"砂"。指朱砂。㉜禺同青蛉之空曾青:青蛉县禺同山上出产的铜矿砂空青、曾青。青蛉,古县名,西汉置。古址位于今云南大姚县境。空曾青,铜砂矿名,即空青和曾青,中医常用以入药。㉝紫白英:水晶名,即紫石英和白石英，中医常用以入药。㉞合浦：郡名，汉置，古址在今广东合浦，海中盛产珍珠，世称“合浦珠”。㉟蜀之犀：蜀地出产的犀牛角。蜀，古地名，今四川省的一部分。㊱三韩：古地名。汉朝时，朝鲜南部分为马韩、辰韩、弁韩三国，故有此称。㊲医无闾之殉(xún)玗(yú)琪：医无闾，山名。殉玗琪，均为美玉名。㊳和：融和。㊴起：这里指病有起色，开始好转。㊵淳于公：春秋时人，淳于，复姓。㊶诚哉所谓医缓矣：确实与你医缓的名字相符合啊！这是一个反讽句。㊷庄子之齐：庄子到齐国去。庄子，名周，战国时宋人，道家学派代表人物。㊸吁：叹气。㊹莫我哀也：没有谁会怜悯我。㊺向使夫子不不食：倘若您先前肚子吃得饱饱的。不不食，即没有不吃饭。意即肚子饱饱的。㊻豢龙先生：作者虚构的人物。㊼溯：逆水而上。㊽沿：顺流而下。㊾恚：怨恨；发怒。㊿唏：叹息。(51)天有风主为予汝乎：天上管风的风神，难道是为你我专门设置的吗？

灵丘丈人第四

灵丘丈人

灵丘之丈人①善养蜂,岁收蜜数百斛②,蜡称之,③于是其富比封君④焉。丈人卒,其子继之。未期月⑤,蜂有举族⑥去者,弗恤⑦也。岁余,去且半;又岁余,尽去,其家遂贫。

陶朱公⑧之齐,过而问焉,曰:"是何昔者之熇熇而今日之凉凉也?⑨"

其邻之叟对曰:"以蜂。⑩"请问其故,对曰:"昔者丈人之养蜂也,园有庐,庐有守⑪。刳木以为蜂之宫⑫,不罅不庮⑬。其置⑭也,疏密有行,新旧有次,坐有方,牖有乡⑮。五五为伍,一人司之。⑯视其生息,调其暄寒,⑰巩其构架,时其墐发⑱。蕃则从之析之,⑲寡则与之哀⑳之,不使有二王也。去其蛛蟊㉑蚍蜉㉒,弥其土蜂蝇豹㉓。夏不烈日,冬不凝澌㉔。飘风吹而不摇,淋雨沃而不渍㉕。其取蜜也,分其赢而已矣,不竭其力㉖也。于是故者安,新者息,丈人不出户而收其利。今其子则不然矣:园庐不葺,污秽不治,燥湿不调,启闭无节,居处靓厖㉗,出入障碍,而蜂不乐其居矣。及其久也,蚸蟷罔其房而不知㉘,螻蚁钻其室而不禁,鹩鸼㉙掠之于白日,狐狸窃之于昏夜,莫之察也,取蜜而已。又焉得不凉凉也哉!"

陶朱公曰:"噫! 二三子识之,㉚为国有民者,可以鉴矣。"

【注释】

①灵丘之丈人:灵丘有位老人。丈人,古时对老人的尊称。②斛(hú):古代容量单位。③蜡称(chèn)之:指所收的蜂蜡与蜂蜜相等。称,相等;相称。④封君:指受有封邑的贵族。⑤期(jī)月:即满月。⑥举族:全族。这里指整窝或整箱蜜蜂。⑦恤:忧患;忧虑。⑧陶朱公:即范蠡,春秋末政治家。辅助越王勾践灭吴后,为免被杀而出走齐国,变姓名为"鸱夷子皮"。后又定居陶山,自称陶朱公。善经商,家财累值百万。⑨是何昔之熇熇(hè)而今日之凉凉也:是什么原因致使他从前家业兴盛而今却萧条冷落呢?熇熇,火势旺盛貌,这里指家业兴盛。凉凉,寒冷。这里指萧条冷落。⑩以蜂:因为养蜂的缘故。⑪守:看守人,管理人员。⑫刳(kū)木以为蜂之宫:挖空木头做成蜂箱。刳,挖,挖空。宫,房屋,这里指蜂箱。⑬不镂(xià)不庮(yǒu):没有缝隙、没有臭味。镂,同"罅",缝隙;裂缝。庮,朽木所发出的臭味。⑭置:安放。⑮牖(yǒu)有乡(xiàng):蜂箱的窗口有一定的朝向。牖,窗户。乡,通"向",朝向。⑯五五为伍,一人司之:指把二十五个蜂箱编为"一伍",由一人管理。伍,古代军队编制,五人为一伍。司,管理;主管。⑰调其暄寒:调节蜂箱温度,使其冷暖适宜。暄寒,冷暖。⑱时其墐(jìn)发:按时将蜂箱用泥涂塞,按时将蜂箱打开透气。墐,用泥涂塞。发,打开。⑲蕃则从之析之:繁殖多了就将蜂群分散。蕃,繁殖,生育。析,分撒。⑳裒(póu):聚集。㉑蛛蝥(máo):即蜘蛛。㉒蚍蜉:大蚂蚁。㉓弥其土蜂蝇豹:消灭土蜂、蝇虎,消除它们对蜂群的危害。弥,通"弭",消灭;消除。土蜂,蜜蜂属,常用土造巢,其雌蜂尾端有毒针,常吸食蜂蜜。蝇豹,即蝇虎。形似蜘蛛,以苍蝇及其他小虫为食。㉔澌(sī):流冰,解冻时流动的冰块。㉕渍(zì):浸泡。㉖不竭其力:不耗尽蜜蜂的力气。竭,尽。㉗臲卼(niè wù):摇荡不安。㉘蚺蛳(zhān sī)罔其房而不知:毛虫在蜂房里结网却全然不知。蚺蛳,即毛虫。罔,同"网",结网。㉙鹨(liáo)鴧(yù):鸟名,均以捕食昆虫为生。㉚二三子识(zhì)之:你们一定要记住。二三子,指陶朱公的弟子、随从。识,记住。

灵丘丈人第四

43

刑　赦

郁离子曰：刑①，威令②也，其法至于杀，③而生人之道存焉④。赦，德令⑤也，其意在乎生，而杀人之道存焉⑥。《书》曰："刑，期于无刑。"⑦又曰："眚灾肆赦，⑧此先王之心也。"是故制刑，期于使民畏刑，有必行。民知犯之之必死也，则死者鲜⑨矣。赦者所以矜⑩蠢愚，宥⑪过误，知罪不避而辄原焉，⑫是启侥幸之心，而教人犯也；至于祸稔恶积⑬，不得已而诛之，是以恩为阱⑭也。然则赦令卒不可行与？曰：法有二，有古今之通禁⑮，有一代之私禁⑯。古今之通禁，恶逆也，杀人伤人及盗之类也，而释勿治，⑰是代之为贼也⑱。一代之私禁，茶盐钱币之类也。民无以为生，而官不能恤⑲，于是乎有犯。虽难以为常⑳，原情而贷之可也㉑。

【注释】

①刑：刑罚，刑律。②威令：指威严的法令。③其法至于杀：法令的严酷可以到杀人的程度。④生人之道存焉：意指杀人是为了使多数人能得以更好地生存。生人，使人生存。⑤德令：指施恩德的法令。⑥其意在乎生，而杀人之道存焉：其目的在于让人很好地生存，同时也蕴含着处死人的方法。⑦《书》曰："刑，期于无刑"：《尚书》上说，使用刑罚，最终是为了不使用刑罚。⑧眚（shěng）灾肆赦：因为过失而造成灾害的，应予以赦免。眚灾，因过失而造成灾害。肆赦，赦免；宽恕。⑨鲜（xiǎn）：少。⑩矜：同情；怜悯。⑪宥（yòu）：赦免；宽恕。⑫知罪不避而辄原焉：知道犯罪不去避免，却加以原谅。原，原谅；宽恕。⑬祸稔（rěn）恶积：指恶贯满盈。稔，本指庄稼成熟。这里引申为事态发展至极端。⑭阱：陷坑；陷阱。⑮通禁：通行的禁律。⑯私禁：行于一代的禁律。⑰而释勿治：若赦免其罪，且不加管束。而，若。⑱是代之为贼也：这种宽恕，会使他们最

终成为强盗。代，同"贷"，宽恕。⑲恤：周济；体恤。⑳难以为常：指因无法生活而犯罪，并非是真正的犯罪。㉑原情而贷之可也：推究其犯罪之缘由，是可以宽恕的。原，考查；推究。贷，宽恕；赦免。

贾　人

济阴之贾人①，渡河而亡②其舟，栖于浮苴③之上，号④焉。有渔者以舟往救之。未至，贾人急号曰："我济上之巨室也，能救我，予尔百金。"渔者载而升诸陆，则予十金。渔者曰："向⑤许百金而今予十金，无乃⑥不可乎？"贾人勃然作色曰："若，⑦渔者也，一日之获几何？而骤得十金，犹为不足乎？"渔者黯然⑧而退。他日，贾人浮吕梁⑨而下，舟薄⑩于石，又覆，而渔者在焉。人曰："盍救诸？⑪"渔者曰："是许金而不酬者也。"舣⑫而观之，遂没。

郁离子曰："或称贾人重财而轻命。始吾不信，而今知有之矣。张子房⑬谓汉王⑭曰：'秦将，贾人子，可啖也⑮。'抑所谓习与性成者与？⑯此陶朱公之长子所以死其弟也。⑰孟子曰：'故术不可不慎也⑱。'信哉！"

【注释】

①济阴之贾(gǔ)人：济阴国有位商人。济阴，古郡国名。治所在今山东定陶县西北。贾人，即商人。②亡：丢失。这里指船沉没。③浮苴(jū)：浮在水面上的草或麻。④号：大声呼喊。⑤向：原先；先前。⑥无乃：语气词，未免；恐怕。⑦若：第二人称代词，你。⑧黯然：失望的样子。⑨吕梁：河名，又称吕梁洪，位于今江苏徐州市东南五十里。有上下二洪，相距七里，巨石林列，流势湍急。⑩薄：接近；迫近。这里引申为"碰撞"。⑪盍救诸：为什么不去救他？⑫舣(yǐ)：指停船靠岸。⑬张子房：即张良，字子房。刘邦的谋臣，封留侯。⑭汉王：即刘邦。⑮秦将，贾人

子,可啖也：秦国带兵的将领是商人的儿子,可以利去诱惑他。啖（dàn）,指利诱。⑯抑所谓习与性成者与：或许这就是所谓人的习性决定其行为吧。抑,副词,或许。⑰此陶朱公之长子所以死其弟也：这也是陶朱公大儿子致使其弟被杀害的原因。⑱术不可不慎也：一个人选择职业必须要慎重呀。术,学业；业术。这里指职业。

好禽谏

卫懿公好禽。①见觝牛②而悦之,禄其牧人如中士③。宁子④谏曰："不可。牛之用在耕,不在觝。觝其牛,耕必废。耕,国之本也,其可废乎？臣闻之,君人者,⑤不以欲妨民。"弗听。于是卫牛之觝者,贾⑥十倍于耕牛。牧牛者皆释耕而教觝,农官弗能禁。

邶⑦有马,生驹⑧,不能走而善鸣。公又悦而纳诸厩。宁子曰："是妖也,君不瘳,国必亡。夫马,齐力⑨者也；鸣,非其事也。邦君为天牧民,⑩设官分职,以任其事。废事失职,厥有常刑⑪。非事之事,⑫君不举⑬焉,杜⑭其源也。妖之兴也,人实召之。自今以往,卫国必多不耕之夫、不织之妇矣。君必悔之。"又弗听。

明年,狄⑮伐卫。卫侯⑯将登车,而御失其辔⑰。将战,士皆不能执弓矢。遂败于荥泽⑱,灭懿公。

【注释】

①卫懿公好禽：卫懿公喜欢禽兽。卫懿公,春秋时卫国国君。②觝（dǐ）牛：即善斗角的牛。觝,通"抵"。用角顶、触。③禄其牧人如中士：参照中士的等级给予养牛人俸禄。禄,俸禄。这里用作动词,指给予俸禄。中士,古代官阶之一。④宁子：即宁庄子,卫国大臣。⑤君人者：即"人君者",指统治百姓的君主。⑥贾：通"价",价格。⑦邶（bèi）：古地名。古址在今河南汤阴县南。⑧驹：幼马,古时将两岁以下的马称为驹。

⑨齐力：协力。⑩邦君为天牧民：指君主替天管理、统治百姓。邦君，指诸侯国的君主。牧民，古时将君主管理百姓比作牧人管理牲畜，故称"牧民"。⑪厥有常刑：有规定的法制。厥，发语词，无义。⑫非事之事：指不该做的事。⑬举：兴办，引申为"提倡"。⑭杜：堵塞；杜绝。⑮狄：春秋时期北方少数民族的泛称。⑯卫侯：即卫懿公。⑰御失其辔：指驾驶车马的人控制不了马车，意即沉湎他事，荒废训练。御，驾车者。失其辔，指没有抓住缰绳。⑱荥泽：古泽名，故址位于今河南郑州西北。

五丁怒

髟彲①问于赤羽雕②曰："盗日杀而日多，何也？"赤羽雕曰："未也。而今方多耳。"髟彲曰："何若是甚也？"赤羽雕曰："乘子之车，循③子之轨，天下之生将尽为盗。"髟彲曰："请闻之。"

赤羽雕曰："昔者蚕蚳暴于岷嶓之间④，蜀王使相回帅师伐之⑤。畏弗进，作土门而壁⑥焉。其士卒日食于民，民瘵弗堪⑦。于是五丁凿山⑧以出于江之源，擒蚕蚳，杀之。相回闻蚕蚳之死也，毁壁⑨而出。取其尸以为功，曰：'我之徒兵实杀之。'五丁怒，杀相回。排天彭而壅之江⑩，江水逆流，覆王宫。王升木而号⑪，化为杜鹃⑫。今天下之治盗者，皆相回也。民不甘喂肉于蚕蚳也，⑬能无泄五丁之怒者乎？"

【注释】

①髟彲(pī ér)：猛兽怒而鬃毛奋张的样子。这里用作猛兽名。②赤羽雕：大型猛禽，羽毛红色的雕。这里用作猛兽名。③循：按照。④昔者蚕蚳(lóng chí)暴于岷嶓(bō)之间：从前猛兽蚕蚳在岷山、嶓冢一带为非作歹。蚕蚳，猛兽名。暴，施暴；为非作歹。⑤蜀王使相回帅师伐之：蜀王命令相回率兵征伐蚕蚳。蜀王，蜀国国君，这里指传说中的古代蜀国国王

杜宇。相回，蜀国大臣，事迹不可考。⑥壁：筑营垒而坚守。⑦民瘵
(zhài)弗堪：民不聊生，忍无可忍。瘵，困顿；凋敝。弗堪，不堪，难以忍
受。⑧五丁凿山：传说中的五个大力士。⑨毁壁：毁坏壁垒。⑩排天彭
而壅之江：指五丁推倒天彭山，堵塞住江水。排，推到。天彭，山名，在今
四川省彭州市西北。壅，堵塞，阻挡。⑪升木而号：爬到树上喊叫。⑫化
为杜鹃：即变成杜鹃。本文所言蜀王死后，其魂化为杜鹃的缘由与古代
传说有异，系作者自编以应和寓言旨意。⑬民不甘喂肉于蚕蚔也：百姓不
甘心喂猛兽蚕蚔自己的肉。

晋灵公好狗

　　晋灵公好狗，①筑狗圈于曲沃②，衣③之绣。嬖人④屠岸贾⑤因
公之好也，则夸狗以悦公，公益尚狗⑥。一夕，狐入于绛宫⑦，惊襄
夫人⑧。襄夫人怒。公使狗搏⑨狐，弗胜。屠岸贾命虞人⑩取他狐
以献，曰："狗实获狐。⑪"公大喜，食狗以大夫之俎⑫，下令国人曰：
"有犯吾狗者，刖⑬之。"于是国人皆畏狗。狗入市，取羊豕⑭以食，
饱则曳⑮以归屠岸贾氏，屠岸贾大获⑯。大夫有欲言事者，不因⑰屠
岸贾，则狗群噬⑱之。赵宣子⑲将谏，狗逆而拒诸门，弗克⑳入。他
日，狗入，并食公羊，屠岸贾欺曰："赵盾之狗也。"公怒，使杀赵盾。
国人救之，宣子出奔秦。赵穿㉑因众怒，攻屠岸贾，杀之，遂弑㉒灵
公于桃园㉓。狗散走国中，国人悉禽而烹之㉔。

　　君子曰："甚矣！屠岸贾之为小人也。谀狗以蛊君㉕，卒㉖亡其
身，以及其君，宠安足恃哉！人之言曰：'蠹虫㉗食木，木尽则虫
死。'其如晋灵公之狗矣！"

【注释】

①晋灵公好狗：晋灵公，名夷皋，春秋时晋国国君，晋襄公之子，奢侈

残暴,后被赵穿所杀。灵公生前喜欢养狗,其狗名獒。②曲沃:古地名,春秋时属晋国,旧址位于今山西省闻喜县东北。③衣:名词用作动词,穿。④嬖(bì)人:指受君主宠幸的人。嬖,宠爱;宠幸。⑤屠岸贾:晋灵公宠臣。屠岸,复姓。⑥公益尚狗:晋灵公更加喜欢养狗。益,越发;更加。尚,崇尚,这里指看重、爱好。⑦绛宫:宫殿名。⑧襄夫人:这里指晋襄公夫人,晋灵公之母。⑨搏:搏斗。⑩虞人:古官名,主管山泽苑囿的官员。⑪狗实获狐:的确是狗捉住的狐狸。实,语气词。用以加强语意,可译作"确实""的确"。⑫食(sì)狗以大夫之俎:参照大夫的伙食标准喂养狗。食,喂。大夫,古代官阶之一。俎,古代祭祀、宴飨时盛放牛羊等牲体的礼器。这里指宴飨大夫的肉食。⑬刖(yuè):古代一种酷刑,指砍掉双脚或脚趾。⑭豕:猪。⑮曳:牵引;拉。⑯大获:获利甚大。⑰因:凭靠;通过。⑱噬:咬。⑲赵宣子:即赵盾,谥号宣子。晋襄公时曾主持朝政。⑳克:能,完成。㉑赵穿:晋襄公的女婿,赵盾的堂兄弟。㉒弑:古时臣杀君称"弑"。㉓桃园:晋灵公的苑囿,因多种桃树而得名。㉔国人悉禽而烹之:京城中的人把狗全部擒获并烹煮。禽,同"擒"。㉕谞(shéng)狗以蛊君:通过夸赞狗来蛊惑国君。谞,夸赞;称誉。蛊,迷惑;蛊惑。㉖卒:最终。㉗蠹虫:即蛀虫。

官 舟

瓠里子①自吴归粤②,相国③使人送之,曰:"使自择官舟④以渡。"送者未至,于是舟泊于滸⑤者以千数,瓠里子欲择之而不能识。送者至,问之曰:"舟若是多也,恶乎择?"对曰:"甚易也。但视其敝蓬⑥、折橹而破帆者,即官舟也。"从而得之。

瓠里子仰天叹曰:"今之治政⑦,其亦以民为官民与? 则爱之者鲜矣,宜其敝也⑧!"

①觳(hù)里子：作者虚构的人物。②自吴归粤：指从吴国回到粤地。③相国：即宰相，为百官之长。④官舟：公家的船。⑤浒：指水边。⑥敝蓬：船篷破烂不堪。蓬，同"篷"。⑦治政：指治理国家的人。⑧宜其敝也：指百姓当然就要贫困不堪了。敝，贫困，衰败。

云梦田

楚王好安陵君，①安陵君用事②。景睢邀江乙，③使言于安陵君曰："楚国多贫民，请以云梦④之田贷⑤之耕以食，无使失所⑥。"安陵君言于王而许之。他日，见景子，问其入之数⑦。景子曰："无之。"安陵君愕曰："吾以子为利于王而言焉，乃以与人而为恩乎？⑧"景睢失色而退，语其人曰："国危矣！志利而忘民，⑨危之道也。"

【注释】

①楚王好安陵君：楚王宠爱安陵君。安陵君，战国时楚共王的宠臣，因封于安陵，世称安陵君。好，宠爱。②用事：旧指当政。③景睢(suī)邀江乙：指景睢请求江乙。景睢，楚国大臣，其事不详。后文称"景子"。邀，请求。江乙，魏国人，有智谋，后仕于楚。④云梦：古泽薮名。⑤贷：租借；借出。⑥无使失所：不要使老百姓无所安身。⑦问其入之数：询问景睢"云梦之田"租借后所收的赋税数。入，收入。⑧吾以子为利于王而言焉，乃以与人而为恩乎：我本以为你是为楚王的利益才帮你去说的，没承想你竟把天地白送给百姓而让他们对你感恩戴德。⑨志利而忘民：一心追求财利，而不管百姓死活。

瞽聩第五

自瞽自聩

郁离子曰：自瞽①者，乐言己之长；自聩②者，乐言人之短。乐言己之长者，不知己；乐言人之短者，不知人。不知己者，无所见；不知人者，无所闻。无见者，谓之瞽；无闻者，谓之聩。人有耳目，而见闻有所不及，恒思所以聪明之③，犹惧其蔽塞也，而况于自瞽、自聩乎！瞽且聩，而以欺人曰："予知且能。"然而不丧者，蔑之有也。④

【注释】

①自瞽：自己把自己弄成瞎眼。瞽，指眼睛瞎。②自聩：自己把自己弄成聋耳，意即充耳不闻。聩，指耳朵聋。文中的"自瞽"、"自聩"指那些妄自尊大，无视别人长处的人。③恒思所以聪明之：经常思考才能使自己更加聪明。④然而不丧者，蔑之有也：自瞽、自聩之人却不败亡，那是没有的事。蔑，无；没有。

自讳自矜

郁离子曰：讳者，欺之媒乎？①矜者，谄之宅乎？②媒以招之，宅以纳之，奸其不至乎？③故舟必漏也，而后水入焉；土必湿也，而后苔生焉。奸人伺隙以图进其身，④奚暇⑤为人国家计哉？故因其矜也,而施之谄;因其讳也,而投以欺。⑥然后昭然⑦知其为谄与欺,而弗之拒也。由是而贯⑧,贯而后宠生焉。宠生慕,慕生效。⑨夫奸人之得志于人国家也,一且不能堪也,而况于慕效之相承乎?⑩腐肉之致⑪蝇,非特尽其肉而已⑫也。蝇生蛆,而蛆复为蝇,蝇蛆相生而不穷,夫何以当⑬之?是故君子之修慝辨惑⑭,如良医之治疾也,针其膏肓⑮,绝其根源,然后邪淫不生。苟⑯知谄与欺之能丧人心、亡人国也,屏⑰其媒、坏其宅,奸者熄⑱矣。

【注释】

①讳者,欺之媒乎:隐讳是导致欺骗的媒介吗?讳,隐讳;隐瞒。②矜者,谄之宅乎:骄傲是谄谀的寄托之所吗?矜,骄傲;自满。谄,谄谀;献媚。宅,寄托之所。③媒以招之,宅以纳之,奸其不至乎:心有隐讳将招致欺骗,骄傲自满则喜人谄谀,奸邪难道能不来吗?④奸人伺隙以图进其身:奸诈小人窥伺时机以谋求升官。伺隙,窥伺时机。进其身,指升官。⑤奚暇:哪有闲暇。⑥故因其矜也,而施之谄;因其讳也,而投以欺:所以奸人利用对方骄傲自满,而施展谄谀;利用对方心有隐讳,而以欺骗去应和。⑦昭然:明白的样子。⑧贯:同"惯"。放任;纵容。⑨宠生慕,慕生效:因人受宠幸,则心生羡慕,因心生羡慕,故萌生效仿之念。⑩一且不能堪也,而况于慕效之相承乎:一个奸人尚且无法忍受,更何况羡慕与效仿的人接踵而至呢?⑪致:招致;招引。⑫非特尽其肉而已:并非仅吃光腐肉而已。特,仅。⑬当:抵御;抵挡。⑭修慝(tè)辨惑:整治邪恶,明察蛊惑。慝,邪恶。⑮膏肓:即膏肓俞,针灸穴位名。这里比喻事物的要害或关键部位。⑯苟:如果;假如。⑰屏:除去;摈弃。⑱熄:消亡;平息。

祛 蔽

瓠里子之艾,①谓其大夫曰:"日君之左服病,②兽人③曰:'得生马之血以饮之，可起④也。'君之圉人⑤使求仆之骖，仆难，未与也⑥。"大夫曰："杀马以活马，非人情也。夫何敢？"瓠里子曰："仆亦窃有疑⑦焉。虽然，亦既知君之心矣，⑧愿因而有所请⑨。仆闻有国者，必以农耕而兵战也。农与兵，孰非⑩君之民哉？故兵不足，则农无以为卫；农不足，则兵无以为食。兵之与农，犹足与手，不可以独无也。今君之兵暴⑪于农，而君不禁；农与兵有讼，则农必左⑫，耕者困矣！是见手而不见足也。今君之圉人见君之不可无服，而不见仆之不可无骖也。昔者陈胡公之元妃大姬好舞⑬，于是宛丘之人皆拔其桑而植柳。仆窃为君畏之⑭。"

【注释】

①瓠里子之艾：瓠里子到艾地去。瓠里子，作者虚构的人物。艾，古地名，位于今江西修水县西。②日君之左服病：从前国君靠左的服马病了。君，国君。服，古代一车四马，居中的两匹马叫"服"，两边的两匹马叫"骖"。③兽人：指兽医。④起：治愈；病愈。⑤圉（yǔ）人：古官名，掌管养马放牧等事务。后来泛指养马人。⑥仆难，未与也：我感到很为难，没有将我的骖马给他。⑦有疑：这里指对杀活马以救病马是国君的主意有所怀疑。⑧亦既知君之心矣：指通过艾之大夫不赞成杀活马以救病马一事，也可推断其国君也有相同的想法。⑨愿因而有所请：希望趁这件事的机会，向您请教一些问题。愿，希望。⑩孰非：哪个不是，意即都是。⑪暴：侵害；欺凌。⑫左：古代右比左尊贵，故这里的"左"可引申为"失败"、"吃亏"。⑬昔者陈胡公之元妃大姬好舞：从前陈胡公的正妻太姬喜欢跳舞。大姬，即太姬。⑭为君畏之：替国君担忧。

宋王偃

宋王偃恶楚威王，①好言楚之非。旦日视朝，②必诋楚以为笑③。且曰："楚之不能，若是甚矣！吾其得楚乎。"④群臣和之，如出一口。于是行旅之自楚适宋者⑤，必构楚短以为容⑥。国人大夫传以达于朝，狃而扬，⑦遂以楚为果不如宋。而先为其言者亦惑焉。⑧于是谋伐楚。

大夫华犫⑨谏曰："宋之非楚敌也，旧矣，⑩犹犪牛⑪之于鼢鼠⑫也。使诚如王言，楚之力犹足以十宋⑬。宋一楚十，十胜不足以直⑭一败，其可以国试乎？⑮"弗听。遂起兵，败楚师于颍上⑯，王益逞⑰。

华犫复谏曰："臣闻小之胜大也，幸其不吾虞也⑱。幸不可常，⑲胜不可恃⑳，兵不可玩，㉑敌不可侮㉒。侮小人且不可，况大国乎？今楚惧矣，而王益盈㉓。大惧小盈，㉔祸㉕其至矣。"王怒，华犫出奔齐。

明年，宋复伐楚，楚人伐败之，遂灭宋。

【注释】

①宋王偃恶(wù)楚威王：宋王偃厌恶楚威王。宋王偃，战国时宋国国君。恶，讨厌；厌恶。楚威王，楚国国君，楚宣王之子。②旦日视朝：每天早晨上朝听政。③诋楚以为笑：以诬蔑楚国作为笑谈。诋，诬蔑；毁谤。④楚之不能，若是甚矣！吾其得楚乎：楚国无能，竟到了如此严重的地步！我或许可以占领楚国了吧。其，副词，表推测，大概，或许。⑤行旅之自楚适宋者：从楚国出行到宋国的人。行旅，出行；旅行。适，去；前往。⑥必构楚短以为容：一定要编造楚王的过失以取悦于宋人。短，过失；缺点。⑦狃(niǔ)而扬：到处宣扬。狃，习以为常。⑧先为其言者亦惑焉：最先编造谎言的人也感到迷惑不解了。意即把自己的谎言当真了。⑨华犫(chōu)：人名，楚国大夫。⑩旧矣：指早有定论。旧，陈旧的；古老的。⑪犪(kuí)牛：传说中的一种野牛，躯体高大。⑫鼢(fén)鼠：即鼹鼠，一种小老鼠，躯体肥短。⑬使诚如王言，楚之力犹足以十宋：假使楚国真像大王您所说的那样无能，其力量仍可抵得过十个宋国。⑭直：

相当；抵偿。⑮其可以国试乎：怎么能拿整个国家的命运来做试验呢？⑯颍上：颍，即颍水，河名。淮河的重要支流，发源于河南，流经河南、安徽等地。⑰益逞：更加骄横。⑱幸其不吾虞也：侥幸的是对方没有防备我们。虞，料想；猜度。这里有防备之意。⑲幸不可常：不能把侥幸之事当作长久之事。⑳恃：依赖；依仗。㉑兵不可玩：打仗不同于儿戏。㉒侮：侮弄；轻慢。㉓盈：自满。㉔大惧小盈：大国已有了戒惧，而小国却依旧自满。㉕祸（huò）：通"祸"。祸患；灾祸。

越　王

　　越王燕群臣①，而言吴王夫差②之亡也，以杀子胥③故。群臣未应。

　　大夫子余④起而言曰："臣尝⑤之东海矣。东海之若⑥游于青渚⑦，禺强会焉，⑧介鳞之从者以班见⑨。夔⑩出，鳖延颈而笑⑪。夔曰：'尔何笑？'鳖曰：'吾笑尔之蹻跃⑫，而忧尔之蹄⑬也。'夔曰：'我之蹻跃，不犹尔之跐跛⑭乎？且我之用一而尔用四，四犹不尔持也⑮，而笑我乎？故跂之则赢其肝⑯，曳之则毁其腹，⑰终日匍匐⑱，所行几许？尔胡不自忧而忧我也！'今王杀大夫种而走范蠡⑲，四方之士掉首不敢南顾，越无人矣。臣恐诸侯之笑王者在后也。"

　　王默然。

【注释】

　　①越王燕群臣：越王设宴招待大臣。越王，越国国君，这里指春秋末越王勾践。燕，通"宴"。②吴王夫差：春秋末吴国国君。③子胥：即伍员，字子胥。春秋时楚人，父奢、兄尚，俱事于楚平王。平王听信谗言，杀其父兄。伍员逃奔吴国，任吴国大夫，并为吴国立下赫赫战功，最后却被

赐死。④子余:本书中的"子余"均为作者虚构的人物。⑤尝:副词,曾经。⑥若:即海若,传说中的海神名。⑦青渚(zhǔ):青色的小岛。这里用作地名。⑧禺强会焉:指东海海神海若与北海海神禺强会面。禺强,传说中的北海海神。会,相会;聚会。⑨介鳞之从者以班见:水族动物按照次序拜见东海海神海若和北海海神禺强。介鳞,有鳞甲的水族动物的统称。介,甲。以班见,按照次序拜见。⑩夔(kuí):传说中的一种怪兽。形似牛,无角,只有一只脚。⑪鳖延颈而笑:指鳖伸长脖子讥笑只有一只脚的夔。鳖,一种爬行动物,形状似龟,生活在水中,俗称甲鱼。延颈,指伸长脖子。⑫蹻(qiāo)跃:跳跃。这里指夔用一只脚跳着行走。⑬忧尔之踣(bó):担忧你会向前倾倒。踣,向前倒下,扑倒。⑭跛跋(bì bǒ):走路身体不平衡。这里指腿脚不灵便、走路费劲的样子。⑮四犹不尔持也:指四只脚尚不能支撑住你的身体。持,支撑。⑯跂(qǐ)之则羸其肝:踮起脚走路,则会加重肝脏负担。跂,踮起脚。这里指踮起脚走路。羸,同"累",瘦弱,劳累。这里指加重负担。⑰曳之则毁其腹:拖着身体走路,则会损伤肚皮。曳,拉;拖。这里指拖着身体走路。毁其腹,指损伤肚皮。⑱匍匐:爬行;伏地而行。⑲杀大夫种而走范蠡:指越王勾践灭吴后,大夫范蠡知道勾践可患难而不可共安乐,便乘船逃奔齐国,而大夫文种却选择留下,最终被勾践杀害。

即　且

即且与蚖遇于疃。①蚖褰首而逝②,即且追之,蹁跹③焉绕之。蚖迷其所如④,则呀以待⑤。即且摄其首,身弧屈而矢发⑥。入其肮⑦,食其心,啮其脊⑧,出其尻⑨,蚖死不知也。

他日,行于煨⑩,见蛞蝓⑪,欲取之。蚿⑫谓之曰:"是小而毒,不可触也。"即且怒曰:"甚矣,尔之欺予也⑬!夫天下之至毒,莫如蛇;而蛇之毒者,又莫如蚖。蚖噬木则木蘙⑭,啮人兽则人兽毙,其烈⑮犹火也。而吾入其肮,食其心,菹鲊其腹肠,⑯醉其血而饱其膋⑰,三日而醒,融融然⑱。夫何有于一寸之蜿蟺⑲乎?"跂其足而凌之。⑳蛞蝓舒舒焉㉑,曲直其角,㉒煦其沫以俟之㉓。即且粘而颠,欲走,则足与须尽解解恧恧㉔而卧,为蚁所食。

【注释】

①即且(jí jū)与蚅(è)遇于疃(tuǎn):蜈蚣与大眼蛇在田舍旁的空地上相遇。即且,俗称蜈蚣。蚅,一种大眼蛇,有剧毒。疃,野兽践踏过的地方。这里指田舍旁的空地。②蚅搴(qiān)首而逝:大眼蛇抬头就逃。搴首,抬起头;昂起头。逝,消失,这里指避开,逃跑。③蹁旋:盘旋而行,这里指绕圈而行。④迷其所如:不知道该往哪里逃。如,往;去。⑤呀(xiā)以待:张开嘴巴等着即且来进攻。呀,大张着嘴。⑥即且摄其首,身弧屈而矢发:蜈蚣收紧脑袋,弯成弧形的身子,像离弦的箭一样直射过去。⑦肮(háng):同"吭",咽喉;喉咙。⑧啮其胹(qǐ):咬嚼大眼蛇的内脏。啮,咬。胹,小腿肚子,这里指大眼蛇的肠胃等内脏。⑨尻(kāo):臀部,屁股。⑩煁(chén):古代一种炉灶,可自由移动。⑪蛞蝓(kuò yú):虫名。即蜒蚰,俗名鼻涕虫,形似去壳的蜗牛,能分泌黏液。⑫蚿(xián):虫名。即马蚿。因多足,故又名百足。⑬甚矣,尔之欺予也:太过分了,你竟如此瞧不起我!欺,欺凌;欺负,这里引申为"瞧不起"。⑭殪:通"殪",树木枯死。这里指中毒枯死。⑮烈:猛烈,厉害。这里指毒势凶猛。⑯菹(zū)鲝(zhǎ)其腹肠:指把大眼蛇的腹肠嚼烂,并当作肉酱、腌鱼一样来享用。菹,肉酱。鲝,腌制的鱼类食品。⑰膋(liáo):肠部的脂肪。⑱融融然:快乐舒适的样子。⑲蜿蟺:蠕动,这里指屈曲爬行的蜒蚰。⑳跂(qǐ)其足而凌之:跳跃着进攻蜒蚰。跂,抬起脚跟。这里指跳跃着;凌,进攻;迫近。㉑舒舒焉:安适貌,这里指镇定自若的样子。㉒曲直其角:指头上的触角一伸一屈。㉓煦(xù)其沫以俟之:口吐唾沫等待即且的到来。煦,通"呴",吐。沫,即唾液。俟,等待。㉔解解恧恧(rùn):被肢解的破碎不堪。

术　使

　　楚有养狙①以为生者,楚人谓之狙公。旦日必部分②众狙于庭,使老狙率以之山中,求草木之实③,赋什一以自奉④。或不给,则加鞭棰⑤焉。群狙皆畏苦之,弗敢违也。一日,有小狙谓众狙曰:"山之果,公所树⑥与?"曰:"否也,天生也。"曰:"非公不得而取与?"曰:"否也,皆得而取也。"曰:"然则吾何假于彼而为之役乎⑦?"言未既⑧,众狙皆寤。其夕,相与伺狙公之寝⑨,破栅毁柙⑩,取其积⑪,相携而入于林中,不复归。狙公卒馁而死⑫。

　　郁离子曰:"世有以术使民而无道揆者⑬,其如狙公乎? 惟其昏而未觉也,一旦有开之⑭,其术穷矣。"

【注释】

　　①狙:猕猴。②部分:部署,安排。③实:果实,种子。④赋什一以自奉:指狙公要征收十分之一的果实用来供养自己。赋,征收。⑤鞭棰(chuí):用鞭子抽打。⑥树:动词,种植;栽种。⑦然则吾何假于彼而为之役乎:既然如此,我们为何还要依靠狙公,替他服劳役呢? 然则,既然如此;那么。假,依靠;借助。为之役,替他服劳役。⑧既:完,结束。⑨相与伺狙公之寝:一同等候狙公睡熟。伺,等待;守候。⑩破栅毁柙(xiá):砸破栅栏,捣毁木笼。栅,即栅栏,圈养家禽家畜的围栏。柙,指关野兽的木笼。⑪积:指狙公存积的果实。⑫卒馁而死:指最终饥饿而死。馁,饥饿。⑬世有以术使民而无道揆(kuí)者:世上那些只靠权术奴役百姓,却不讲道义和法度的人。术,权术;方法。使民,奴役百姓。道揆,即"道义"和"法度"。⑭有开之:指有的人受到启发而醒悟过来。开,开启;启发。

郁离子

58

祥不妄集

蒙人衣狻猊之皮以适圹，①虎见之而走，谓虎为畏己也，返而矜②，有大志。明日，服狐裘③而往，复与虎遇。虎立而睨④之，怒其不走也，叱⑤之，为虎所食。

邾娄子泛于河，⑥中流而溺，水涡煦而出之，⑦得壶以济岸，⑧以为天佑己也。归而不事⑨鲁，又不事齐。鲁人伐而分其国，齐弗救。

君子曰："无畏者，祸之本⑩乎？惟有德可以受天祥⑪。祥不妄集⑫，圣人实有之。犹内省⑬而惧，畏其不能胜⑭也，而况敢自祥乎⑮？非祥而以为祥，丧其心⑯矣，其能免乎？"

【注释】

①蒙人衣狻猊(suān ní)之皮以适圹(kuàng)：蒙地有个人披着狻猊的皮到旷野里去。蒙，古地名。战国时属宋国，在今河南省商丘市东北。狻猊，传说中的猛兽，又是狮子的别称。圹，旷野；原野。②矜：自满；骄傲。这里有妄自尊大的意思。③裘：用毛皮制作的衣服。④睨：斜视；斜着眼(看)。⑤叱：大声吆喝。⑥邾(zhū)娄子泛于河：指邾国的国君在河上泛舟。邾娄子，指邾国的国君。邾娄，即邾国。周代诸侯国，位于今山东邹城市东南。⑦水涡煦(xǔ)而出之：指水中的旋涡将他旋出水面。煦，同"呴"。吹气，吐出。这里指拖出，旋出。⑧得壶以济岸：恰巧抓住了一个漂浮的葫芦，才得以漂流到岸边。壶，通"瓠"，葫芦。济岸，止于岸，指游到岸边。⑨事：侍奉。⑩本：根本，根源。⑪受天祥：承受上天所赐的吉祥。⑫妄集：随便到来。⑬内省(xǐng)：指内心的省察，儒家的一种修养方法。⑭不能胜：无法承受。⑮而况敢自祥乎：何况竟敢自以为上天赐予吉祥呢？敢，竟敢；胆敢。⑯丧其心：指失去理智。

规姬献

郁离子谓姬献①曰:"吾尝游汝、泗②之间,见丛祠③焉。其中为天仙,其左右为鬼伯④。天仙之祠⑤,香烛之外无物⑥;而鬼伯之祠,击钟烹膻,明膏火,穷昼夜。⑦今子之庭,无雨旸寒暑皆如市,⑧鹅羊鸭鸡之声哑嚄嘈囋⑨,不得闻人语。吾隐⑩子之不能为天仙而为鬼伯也。"明年而败于匏瓜之墟⑪,姬献死焉。

【注释】

①姬献:人名,疑指春秋时晋国国君献公。②汝、泗:即汝水和泗水,均为水名。汝水发源于河南鲁山县。泗水发源于山东泗水县陪尾山。③丛祠:建在丛林中的祠庙。④鬼伯:即阎王,为鬼中之长。⑤祠:祭祀。⑥物:物品,这里指祭品。⑦击钟烹膻,明膏火,穷昼夜:指鬼伯的祠堂里,天天是钟鼓鸣响,烹煮牛羊,灯火通明,昼夜不停。膻,指充满膻气的牛羊肉。膏火,指灯火。⑧无雨旸(yáng)寒暑皆如市:无论下雨天晴,还是天冷天热,鬼伯的祠堂都如集市般热闹。无,无论。旸,天晴。市,集市。⑨哑嚄(huò)嘈囋(zá):声音杂乱不堪。这里用来形容鹅羊鸭鸡吵闹嘈杂的声音。⑩隐:隐痛。这里有"私下里担心"之意。⑪明年而败于匏(páo)瓜之墟:第二年晋献公就被人击败于匏瓜之墟。匏瓜之墟,古地名,在今山西闻喜东北。

豢　龙

有献陵鲤于商陵君者,①以为龙焉。商陵君大悦,问其食,曰:"蚁。"商陵君使豢②而扰③之。或曰:"是陵鲤也,非龙也。"商陵君怒,抶④之。于是左右皆惧,莫敢言非龙者,遂从而神之⑤。商陵君观龙⑥,龙卷屈如丸,倏而伸,⑦左右皆佯惊,称龙之神,商陵君又大悦,徙居之宫中。夜穴甓⑧而逝。左右走报曰:"龙用壮⑨,今果穿石去矣。"商陵君视其迹,则悼惜不已。乃养蚁以伺,冀⑩其复来也。无何,天大雨,震电,真龙出焉。商陵君谓为豢龙⑪来,矢⑫蚁以邀之。龙怒,震其宫,商陵君死。

君子曰:"甚矣,商陵君之愚也!非龙而以为龙,及其见真龙也,则以陵鲤之食待之。卒震以死,自取之也。"

【注释】

①有献陵鲤于商陵君者:有人把穿山甲进献给商陵君。陵鲤,俗名穿山甲。②豢:饲养牲畜。③扰:驯养。④挟(chì):指用鞭、杖抽打。⑤从而神之:顺着商陵君的意思将陵鲤奉为神。神之,以之为神。⑥龙:即穿山甲,为商陵君当作龙。⑦倏而伸:忽然间又伸直了身躯。倏,忽然,猛然。⑧穴甓(pì)而逝:在砖墙中穿个洞逃跑了。穴,名词用作动词,打洞,穿洞。甓,砖。逝,逃跑。⑨用壮:逞其强力,指施展他的刚强有力的爪牙。⑩冀:希望;盼望。⑪豢龙:所驯养的龙。⑫矢:陈列;陈献。

蛇 雾

冥谷①之人畏日,恒穴土而居阴②。有蛇焉,能作雾,谨事之,③出入凭焉,④于是其国昼夜雾。巫绐之曰:⑤"吾神已食日矣,日亡矣。"遂信以为天无日也,乃尽废其穴之居而处垲⑥。

羲和氏之子之崦,⑦过焉,谓之曰:"日不亡也。今子之所翳⑧者,雾也。雾之氛⑨,可以晦日景,⑩而焉能亡日?日与天同其久者也,恶乎亡⑪?吾闻之,阴不胜阳,妖不胜正。蛇,阴妖⑫也,鬼神之所诘,雷霆之所射也。⑬今乘天之用否而逞其奸⑭,又因人之讹以凭其妖⑮,妖其能久乎?夫穴,子之常居也。今以讹致妖,而弃其常居。蛇死雾必散，日之赫其可当乎⑯？"

国人谋诸巫⑰，巫恐泄其绐，遂沮之⑱。未期月⑲，雷杀其蛇。蛇死而雾散，冥谷之人相呴而槁⑳。

【注释】

①冥谷：昏暗的山谷。文中用作地名。②恒穴土而居阴：向来是挖地洞，居住在阴暗的地方。恒，长久。这里指"向来"，"一向"。③谨事之：谨慎小心地侍奉它（指蛇）。④出入凭焉：进出地洞全凭借蛇的雾气遮蔽太阳。凭，凭借；依仗。⑤巫绐（dài）之曰：巫师欺骗冥谷之人说。巫，古代以求神、卜筮、星占等为职业的人。绐，欺诳；欺骗。⑥废其穴之居而处垲（kǎi）：他们将原先所居住的洞穴废弃，然后搬迁到地势高且干燥的地方居住。垲，地势高而干燥。⑦羲和氏之子之崦（yān）：太阳神的儿子到崦嵫（zī）去。羲和氏，传说中的太阳神。崦，即崦嵫，神话中的山名，传说是日落的地方。⑧翳：遮蔽；遮掩。⑨氛：指雾气。⑩可以晦日景：（雾气）可以使日光昏暗不明。晦，昏暗。这里是使动用法，即"使昏暗"。景，指阳光。⑪恶乎亡：怎么会消失呢？恶，哪里；怎么。⑫阴妖：指阴暗的妖怪。⑬鬼神之所诘，雷霆之所射：意指蛇妖是鬼神所要究办、雷霆所要轰击的。诘，查办；查究。射，射击。这里指雷轰电击。⑭乘天之用否（pǐ）而逞其奸：趁着天光的功能（指日光的照射）一时不显之机，就施展其奸伎。否，闭塞；阻隔不通。奸，奸伎，邪恶的伎俩。⑮因人之讹以凭其妖：借助巫师的谣言，凭借蛇的妖术。讹，谣言。⑯日之赫其可当乎：太阳的赫赫光辉岂是能抵挡的。赫，光明炫耀的样子。当，抵挡。⑰谋诸巫：找巫师商议对策。⑱沮之：指对羲和氏之子的言论加以诋毁。沮，败坏；诋毁。⑲未期月：还没满一个月。期月，指一个月。⑳相呴（xǔ）而槁：互相吐口沫润湿，苟延残喘，最终还是被太阳晒死了。相呴，相濡以沫，互相吐口沫润湿。呴，呴濡。槁，枯干。这里指被太阳晒死。

枸橼第六

枸　橼

　　梁王嗜果，①使使者求诸吴②。吴人予之橘，王食之美。他日，又求焉，予之柑，王食之尤美。则意其犹有美者未予也，惎③使者聘于吴而密访焉。御儿④之鄙人⑤有植枸橼⑥于庭者，其实大如瓜，使者见而愕之，曰："美哉煌煌⑦乎！柑不如矣。"求之，弗予。归言于梁王，梁王曰："吾固知吴人之靳⑧也。"命使者以币请之。朝而进之，⑨荐⑩而后尝之。未毕一瓣，王舌缩而不能咽，齿柔⑪而不能咀，鼶鼻颦额，⑫以让⑬使者。

　　使者以诮⑭吴人，吴人曰："吾国果之美者，橘与柑也。既皆以应王求，无以尚⑮矣。而王之求弗置⑯，使者又不询而观诸其外美，宜乎所得之不称所求也。夫木产于土，有土斯有木，于是乎果实生焉。果之所产不惟吴，王不遍索而独求之吴。吾恐枸橼之日至，而终无适王口者也。"

【注释】

　　①梁王嗜果：梁王喜欢吃水果。②使使者求诸吴：派遣使者去吴国寻找（味美的水果）。③惎(jì)：嘱咐；教导。④御儿：古地名，位于今浙江桐乡市南的语溪。⑤鄙人：居住在郊外的人。⑥枸橼(jǔ yuán)：木名，俗称香橼。常绿乔木，果实椭圆，黄色，皮如橙、柚，果瓤酸苦。多栽培在我国中、南部。⑦煌煌：光彩夺目的样子。⑧靳(jìn)：小气，吝啬。⑨朝而进之：指

早朝的时候将果品进献给梁王。⑩荐：进献；呈上。⑪齿柔：指食物太酸，牙齿不能咀嚼。俗称"倒牙"。⑫齂(xí)鼻颦(cù)额：鼻子吸气，眉头紧皱。齂鼻，指鼻子吸气。齂，同"息"。颦，通"蹙"，皱眉。⑬让：责怪。⑭诮：责备。⑮尚：超过；比得过。⑯王之求弗置：指梁王一味寻求鲜美的果品，却不肯罢手。置，舍弃；废弃。

淳于猀入赵

公仪子①为政于魏，魏人淳于猀②以才智自荐，公仪子试而知其弗任③也，退之。淳于猀之西河④，西河守使人道而入诸赵，⑤赵人以为将⑥。西河守谓公仪子曰："是必疢⑦赵矣。赵疢，魏国之利也。"公仪子愀然⑧不悦，曰："如大夫言，是魏国之耻也。昔者由余⑨，戎人也。由余入秦，秦穆公用之。由余贤，秦人不敢轻戎。吾惧赵人之由是轻魏也。"

【注释】

①公仪子：战国时鲁国人，曾为鲁穆公相。②淳于猀(xù)：作者虚构的人物。③弗任：不能胜任。④之西河：到西河去。之，到；往。西河，古郡名，战国魏置，又称河西，辖区在今陕西省东部黄河西岸地区。⑤西河守使人道而入诸赵：西河郡守派人引导淳于猀去了赵国。守，郡守，管理郡中事物的长官。道，通"导"，引。⑥以为将：任命(淳于猀)为将军。⑦疢：祸害；损害。这里为使动用法，指使赵国遭受祸害。⑧愀然：忧愁悲伤的样子。⑨由余：又作"繇余"。春秋时秦国大夫。其先祖原为晋人，因故逃亡入戎。初在戎任职，后降秦，帮助秦穆公谋伐西戎，灭国十二，称霸西戎。

泗滨美石

泗水①之滨多美石，孟尝君为薛公，②使使者求之以币。泗滨之人问曰："君用是奚为哉？"③使者对曰："吾君封于薛，将崇④宗庙之祀，制雅乐⑤焉。微⑥君之石，无以为之磬⑦。使隶人敬请于下执事，⑧惟⑨君图之。"泗滨人大喜，告于其父老，斋戒，肃⑩使者，以车十乘，致石于孟尝君。

孟尝君馆泗滨人而置石于外朝。他日，下宫之碼阙⑪，孟尝君命以其石为之。泗滨人辞诸孟尝君，曰："下邑⑫之石，天生而地成之。昔者，禹平水土，⑬命后夔取而荐之郊庙，⑭以谐八音⑮，众声依之。任土⑯作贡⑰，定为方物⑱。要之⑲明神不敢亵也。君命使者来求于下邑，曰：'以崇宗庙之祀。'下邑之人畏君之威，不敢不供。斋戒，肃使者，致于君。君以置诸外朝，未有定命，不敢以请。今闻诸馆人曰：'将以为下宫之碼。'臣实不敢闻。"弗谢而走。诸侯之客闻之，皆去。

于是，秦与楚合谋伐齐。孟尝君大恐，命驾趣谢客，⑳亲御㉑泗滨人迎石登诸庙，以为磬。诸侯之客闻之皆来，秦楚之兵亦解。

君子曰："国君之举，不可不慎也，如是哉！孟尝君失信于一石，天下之人疾㉒之，而况得罪于贤士哉？虽然，孟尝君亦能补过者也，齐国复强，不亦宜乎！"

【注释】

①泗水：又称泗河，发源于山东泗水县陪尾山。②孟尝君为薛公：孟尝君，其父田婴曾为齐相，封于薛。婴死，文代立于薛，人称薛公，继任齐相。③君用是奚为哉：您用它干什么用呢？④崇：尊重；推崇。⑤雅乐：正乐，古代在郊庙朝会上使用的音乐。⑥微：无；非。⑦磬（qìng）：古代一种乐器，用石头雕制而成。⑧使隶人敬请于下执事：派遣我恭敬地向您这里的主事人提出请求。隶人，属下，这里是使者的谦称。执事，手下执事的人，这里指泗滨的主事者。⑨惟：语气词，用于句首，表希望。⑩肃：恭敬地拜揖使者。⑪下宫之碼（xì）阙：后宫的垫柱石碎裂。下宫，后

宫,内宅,指女眷住所。碼,指承柱的圆石墩。阙,亏损,空缺,这里引申为"碎裂"。⑫下邑:小城镇,指泗水,这里是谦称。⑬禹平水土:禹,大禹。⑭命后夔取而荐之郊庙:命令后夔采取泗水之滨的美石进献给宗庙。后夔,人名,虞舜时的乐官。荐,进献。郊庙,即宗庙。⑮八音:古代对乐器的统称。⑯任土:古代按照土地的肥瘠而定税赋的多寡叫作"任土"。⑰作贡:进贡。⑱方物:地方特产。⑲要(yāo)之:概括而言。要,总括;概括。⑳命驾趣谢客:命人驾车赶快去向客人道歉。趣,奔赴;趋向。谢,致歉;道歉。㉑御(yà):指迎接。㉒疾:憎恨;厌恶。

子余知人

越王使其大夫子余造舟。舟成,有贾人求掌为工,①子余弗用。贾人去之吴,因王孙率以见吴王②,且言越大夫之不能用人也。他日,王孙率与之观于江,飓③作,江中之舟扰④,则收指以示王孙率曰:"某且覆,某不覆。"无不如其言。王孙率大奇之,举⑤于吴王,以为舟正⑥。

越人闻之,尤⑦子余。子余曰:"吾非不知也,吾尝与之处矣,是好夸而谓越国之人无己若者。吾闻好夸者,恒是己以来多谀⑧;谓人莫若己者,必精于察人而暗自察也。今吴用之,偾⑨其事者,必是夫矣。"越人未之信。

未几,吴伐楚,王使操余皇⑩,浮五湖而出三江⑪,迫于扶胥之口⑫,没焉。越人乃服子余之明,且曰:"使斯人弗试而死,则大夫受遗才⑬之谤,虽咎繇⑭不能直之矣。"

【注释】

①有贾(gǔ)人求掌为工:有位商人请求做掌管船只的官。贾人,商人。②因王孙率以见吴王:凭借王孙率而见到了吴王。因,凭借;依托;

利用。王孙率,作者虚构的人物。③飓:飓风,指海上刮起的大风。④扰:混乱。⑤举:推荐;举荐。⑥舟正:古官名,类似于船长,负责管理船只。⑦尤:归咎;埋怨。⑧恒是己以来多谀:常常自以为自己正确以博取他人的赞誉和奉承。是己,即"己是",自己正确。是,正确。谀,谄媚;奉承。⑨偾(fèn):破坏;败坏。⑩余皇:古船名。⑪三江:原指吴淞江、娄江和东江。这里指广州三江口。⑫扶胥之口:地名。广州番禺扶胥镇,濒临海湾,其入海处被称为扶胥之口。⑬遗才:埋没人才。⑭咎繇(gāo yáo):即皋陶,传说中的东夷族首领,曾被虞舜任命为掌管刑法的官员。

不韦不智

　　越人寇,不韦避兵而走剡①。贫无以治舍,徘徊于天姥②之下,得大木而庥③焉。安。一夕,将斧其根以为薪,其妻止之,曰:"吾无庐④,而托是以庇⑤身也。自吾之止于是也,骄阳赫而不吾灼,寒露零而不吾凄,飘风扬而不吾溧⑥,雷雨晦冥⑦而不吾震撼,谁之力耶?吾当保之如赤子⑧,仰之如慈母,爱之如身体,犹惧其不蕃且殖也⑨,而况敢毁伤之乎!吾闻之,水泉缩而潜鱼惊,霜钟鸣而巢鸟悲,畏夫川之竭⑩、林之落也。鱼鸟且然⑪,而况于人乎?"

　　郁离子闻之,曰:"哀哉,是夫也!而其知不如一妇人也。呜呼!岂独不如一妇人哉?则亦鸟鱼之不若矣!"

【注释】

　　①不韦避兵而走剡(shàn):不韦为躲避战祸而逃至剡县。不韦,作者虚构的人物。避兵,躲避战祸。②天姥(mǔ):山名,位于今浙江省境内。③庥(xiū):庇护;荫庇。这里有"居住"、"安身"之意。④庐:在郊外搭建的简陋房屋。⑤庇:掩护;遮蔽。⑥溧:因寒冷而发抖。⑦晦冥:阴沉;昏暗。⑧赤子:指婴儿。⑨犹惧其不蕃且殖也:尚且担心树木不繁茂地生长呢。蕃,兴旺;茂盛。殖,繁殖;生长。⑩竭:枯竭;干涸。⑪且然:

尚且如此。然，代词，如此；这样。

冯妇之死

东瓯①之人谓"火"为"虎"，其称"火"与"虎"无别也。其国无陶冶②，而覆屋以茅，故多火灾，国人咸苦之③。

海隅之贾人适晋，④闻晋国有冯妇⑤，善搏⑥虎。冯妇所在，则其邑无虎。归，以语⑦东瓯君。东瓯君大喜，以马十驷⑧、玉二瑴⑨、文锦十纯⑩，命贾人为行人⑪，求冯妇于晋。

冯妇至，东瓯君命驾虚左⑫，迎之于国门外，共载而入，馆于国中，为上客。明日，市有火，国人奔告冯妇。冯妇攘臂⑬从国人出求虎，弗得。火迫于宫肆，⑭国人拥冯妇以趋，火灼而死。于是贾人以妄⑮得罪，而冯妇死弗瘳。

【注释】

①东瓯：战国时的瓯越，相传是越国的一个支脉，汉初被封为东海王国，因建都于东瓯，故又称东瓯国。②陶冶：烧制陶器，冶炼金属。这里指用黏土烧制的砖、瓦等。③咸苦之：全都为火灾多一事感到苦恼。④海隅之贾(gǔ)人适晋：海边有位商人到晋国去。海隅，海边；海角。适，到；前往。⑤冯妇：人名，姓冯名妇，传说善搏虎。⑥搏：捕捉。⑦语(yù)：告诉。⑧马十驷：指四十匹马。驷，古代一辆车套四匹马。⑨瑴(jué)：同"珏"，指双玉。⑩文锦十纯(tún)：带花纹的锦缎十匹。纯，古代绸帛一匹叫一纯。⑪行人：指使者。⑫命驾虚左：命人驾车并将车子左边的位置空出来，以便让冯妇座。虚左，古时乘车以左为尊。空着左边的位置，让宾客坐，以示尊敬，叫"虚左"。⑬攘臂：捋起袖子，伸出胳膊。⑭火迫于宫肆：大火迫近宫殿旁的店铺。迫，迫近。肆，店铺。⑮妄：说谎；虚报。

燕文公求马

　　燕文公①之路马②死，或③告之曰："卑耳氏④之马良，请求之。"辞曰："野马也，不足以充君驷。"公使强⑤之，逃。苏代⑥之徒欲以其马售，公弗取。

　　巫间大夫⑦入言曰："君求马，将以驾乘舆⑧也，何必近舍其所欲售，而远取其不欲售者乎？"公曰："吾恶夫自衒⑨者。"对曰："昔中行伯⑩求妇于齐，高、鲍氏⑪皆许之。谋诸叔向⑫，叔向曰：'娶妇所以承宗祧、奉祭祀⑬，不可苟⑭也，惟其贤而已。'今君之求马，亦惟其良而已可也。昔者，尧让天下于许由，许由逃⑮，尧弗强也，而卒得舜⑯。宁戚饭牛以自售于齐桓公，桓公用之，⑰而卒得管仲⑱。使尧不听许由，何以得舜？桓公不用宁子，何以得管仲？君何固⑲焉！"

【注释】

　　①燕文公：指战国时的燕文侯。②路马：亦作辂马。古代指为君主驾车的马。因君主之车名路车，故称。③或：无定代词，有人。④卑耳氏：古氏族名，因居住在卑耳山上而得名。⑤强：强迫。这里指燕文公要得到卑耳氏之马。⑥苏代：战国时纵横家苏秦之弟，亦是纵横家。⑦巫间大夫：作者虚构的人物。⑧乘舆：古代特指国君所乘的马车。⑨衒(xuàn)：夸耀。⑩中行伯：名荀吴，春秋时晋国大夫荀偃之子。⑪高、鲍氏：指高昭子、鲍牧两姓，属齐国贵族。⑫叔向：春秋时晋国大夫。⑬承宗祧(tiāo)、奉祭祀：指娶媳妇是为了传宗接代，奉祀祖先。宗祧，宗庙世系，意即传宗接代。⑭苟：随便；草率。⑮尧让天下于许由，许由逃：相传尧为天子时，有高士许由隐于沛泽，尧认为他很贤，想让位给他，许由却不接受，且逃至颍水一带。⑯卒得舜：最终找到了继承人舜。⑰宁戚饭

牛以自售于齐桓公,桓公用之:卫国人宁戚想要自荐于齐桓公,便化身为商旅至齐,住在齐国都城郭门之外。正巧碰上齐桓公郊迎宾客,夜开门,宁戚便到车下喂牛,击牛角而歌。桓公知其为贤者,便重用他为卿士。饭牛,即喂牛。自售,即自荐。⑱管仲:字仲,名夷吾。春秋时齐国人,曾任齐桓公之相,辅佐齐桓公成就霸业。⑲固:顽固;固执。

士芛谏用虞臣

晋献公①灭虞②,置其俘于下阳③,使士芛监焉④。其大夫⑤多逃,士芛弗禁。公闻之,怒,召士芛,让⑥之。

士芛对曰:"君以是为可以充吾国之用也夫?夫彼虞公之臣也,皆尝任虞公之事矣。食虞公之禄⑦,而立虞公之朝,闻虞公之政。虞亡,不能救;虞公执⑧,而身随之,君将焉用是为哉⑨?"公曰:"吾惧其邻国之之也⑩。"士芛笑曰:"若是,则臣滋惑⑪矣。"公曰:"何哉?"士芛曰:"往岁臣之里有厉,⑫卜之曰:'丛为祟⑬,'于是集里之老幼,召巫觋⑭,具⑮舟车,奉牲币⑯,羞桃茢,⑰男女以班⑱,举丛而置诸衢⑲。东里之人利其器物⑳而收之㉑,因得厉㉒焉,死者且过半。故废社之土,不可以涂宫室;弃出之妇,不可以主中馈㉓。鬼神之所遗也。今虞之贤臣,曰宫之奇㉔、百里奚㉕而已矣。宫之奇,先虞公之亡而以其族去,百里奚与于俘㉖,则君既入之秦矣,其它奚取焉?而必欲置之,曰:'无使适邻国。㉗'君实欲善邻㉘,则曰爱厥苗,无遗莠可也㉙。今君坐不安,食不甘,缮甲兵以睨四封㉚,无岁不征,岂有他哉?求吾欲也。敌衅未生,无所用谋。如其弗欲,犹将纳之,矧自往焉。㉛如其用诸,适吾愿也,㉜君何怒为?"

公曰:"善㉝。"

郁离子

70

【注释】

①晋献公:春秋时晋国国君,晋文公之父。②虞:古诸侯国名。周文王时所建。姬姓。在今陕西平陆北。公元前 1655 年,为晋国所灭。④使士芴(wěi)监焉:命令士芴监管虞国俘虏。士芴,字子舆,晋国大夫,监,监管;看管。⑤大夫:官名,先秦时,国君之下设有卿、大夫、士三级,这里指被俘获的虞国大小官员。⑥让:责怪。⑦禄:俸禄,古代官吏的俸给。⑧执:逮捕;捉住。这里为被动用法,指虞公被我方捉住。⑨君将焉用是为哉:您计划如何使用他们呢?⑩吾惧其邻国之之(zhì)也:我担心他们逃到邻国去。⑪滋惑:更加疑惑。滋,更加;愈益。⑫往岁臣之里有厉:以前我的故里流行瘟疫。里,乡里;故里。厉,通"疠",瘟疫类的疾病。⑬丛为祟:丛林中的鬼怪在作祟。⑭巫觋(xí):古代以求神、卜筮、星占等为职业的人。女巫称为巫,男巫称为觋,合称巫觋。⑮具:置办;备办。⑯牲币:"牺牲"和"币帛"。均为祭祀用的供品。⑰羞桃茢(liè):指进献桃木、苕帚。羞,进献。古代认为桃木可以辟邪,苕帚可扫除灾祸。⑱班:依次排列。⑲衢:指四通八达的道路。⑳利其器物:指东里的人认为祭祀用过的供品是很有用处的。㉑收之:指把祭祀的用品都收集起来。㉒得厉:指因贪图祭品而染上瘟疫。㉓主中馈:主持饮食之事,这里指主持家族祭祀等事宜。㉔宫之奇:春秋时虞国大夫,曾劝谏虞公不要借道给晋国,并提出唇亡齿寒的道理,惜不被采纳,遂逃奔曹国。㉕百里奚:本为春秋时虞国大夫,虞亡时被晋俘去,作为晋献公女儿陪嫁的奴仆入秦。后出走至楚国,为楚人所执,秦穆公闻其贤,派人用五张黑羊皮将其从楚赎回,并任命为大夫,故称五羖(黑色的公羊)大夫。后辅佐秦穆公成就霸业。㉖与于俘:与其他俘虏关在一块儿。㉗无使适邻国:别让(他们)逃奔到邻国去。㉘善邻:以邻为善,意即与邻国和睦相处。㉙爱厥苗,无遗(wèi)莠:要爱惜真正的人才,不要将无用之人送给别国。厥,其。苗,指没有吐穗的庄稼,这里比喻有用的人才。遗,送;赠送。莠,恶草的通称,这里用以比喻无用之人。㉚睨(nì)四封:斜视四邻,意指准备对四邻施以武力。封,边界;疆界。㉛如其弗欲,犹将纳之,矧(shēn)自往焉:如

果从虞国俘虏来的这些官员邻国都不想要，我们还要想办法送给他们，何况这些官员自己愿意逃至邻国呢。矧，副词，况且。㉜如其用诸，适吾愿也：如果邻国任用这些逃过去的官员，那正和我们的意愿。适，符合。愿，意愿。㉝善：表示同意的应答之词。

养鸟兽

郁离子曰：鸟兽之与人，非类也①。人能扰②而驯之，人亦何所不可为哉？鸟兽以山薮③为家，而豢养于樊笼之中，非其情④也，而卒⑤能驯之者，使之得其所嗜好而无违也。今有养鸟兽而不能使之驯，则不食⑥之以其心之所欲、处⑦之以其性之所安，而加矫迫⑧焉，则有死耳。乌乎！其能驯之也？人于人为同类，其情为易通，非若⑨鸟兽之无知也。而欲夺其所好，遗之以其所不好；绝其所欲，强之以其所不欲，迫之而使从，其果心悦而诚服耶？其亦有所顾畏而不得已耶？若曰非心悦诚服，而出不得已，乃欲使之治吾国，徇⑩吾事，则尧舜亦不能矣⑪。

【注释】

①非类也：不是同类。②扰：驯养。③薮：水少而草木丰茂的湖泽。④非其情：不合乎它们（指鸟兽）的性情。⑤卒：最终；最后。⑥食（sì）：喂养。⑦处：安置；安身之处。⑧矫迫：强迫；纠正逼迫。⑨若：副词，像；如。⑩徇：依从；顺从。⑪则尧舜亦不能矣：指那些对我们并非心悦诚服的人，即便是你贤明如尧舜，也不能让他们心甘情愿地为你效劳。

蛩蛩距虚

孙子自梁之齐①，田忌郊迎之而师事焉②。饮食必亲启③，寝兴必亲问④。孙子所喜,田忌亦喜之;孙子所不欲,田忌亦不欲也。邹奭⑤谓孙子曰:"子知蛩蛩驱虚之与蟨乎⑥?蛩蛩驱虚负蟨以走,为其能啮甘草以食己⑦也,非忧其将为人获而负之也。今子为蟨,而田子⑧蛩蛩驱虚也。子其识之。⑨"孙子曰:"诺。"

【注释】

①孙子:即孙膑,战国时兵家。著有《孙膑兵法》。②田忌郊迎之而师事焉:田忌亲自到城郊迎接孙膑,并按照师礼服侍孙膑。田忌,战国初期齐国名将。③亲启:亲问,亲自过问。④寝兴必亲问:起居必要亲自问候。寝兴,起居,指夜里就寝和早晨起床。问,问候;存问。⑤邹奭(shì):战国时齐国人,以善辩著称。⑥子知蛩蛩(qióng)驱虚之与蟨(jué)乎:蛩蛩驱虚、蟨,均是传说中的异兽。⑦食(sì)己:指给自己吃。⑧田子:即田忌。⑨子其识(zhì)之:您一定要牢记我所说的话。识,记住,牢记。

致人之道

或问致人之道,①郁离子曰:"道②致贤,食致民,渊致鱼,薮致兽,林致鸟,臭致蝇,利致贾③,故善致物者,各以其所好致之,则天下无不可致者矣。是故不患其有所不至,而患其有所不安④。能致而不能安,不如不致之亡伤⑤也。粤⑥人有学致鬼者,三年得其术,于是坛其室之北隅⑦以集鬼。鬼至而多,无以食,则相帅⑧以为妖,声闻于外。一夕,其人死,而爇⑨其室,邻里莫⑩不笑。"

【注释】

①或问致人之道:有人问招引人才的方法。或,无定代词,有人。道,方法。致,招引,笼络。②道:指仁义道德。③贾(gǔ):指商人。④不安:无法安心。⑤亡伤:没有伤害。亡,无;没有。⑥粤:古地名,即今广

东,因古时百粤族在此定居而得名。⑦坛其室之北隅:在其房屋的北角设立祭坛。隅,角;角落。⑧相帅:相率。指相继;一个接一个。⑨爇(ruò):烧;焚烧。⑩莫:无定代词,没有人。

韩垣干齐王

韩垣①之齐,以策干齐王②,王不用。韩垣怒,出诽言。王闻而拘诸司寇③,将杀之。

田无吾④见,王以语之。田无吾曰:"臣闻娵萌学扰象而工。⑤北之义渠,⑥以扰象之术干义渠君,义渠君不答⑦。退而诽⑧诸馆。馆人曰:'非吾君之不听子也,顾⑨无所得象也。'娵萌报⑩而归。医胡之魏,⑪见魏太子之神驰而气不属⑫也,谓之曰:'太子病矣,不疾⑬治,且不可救。'太子怒,以为谤己也。使人刺医胡。医胡死,魏太子亦病以死。夫以策干人,不合而怨者,非也;人有言不察,恚⑭而雠之,亦非也。臣闻之,江海不与坎井⑮争其清,雷霆不与蛙蚓⑯斗其声。碐碅⑰之夫,何足杀哉!"

王乃释⑱韩垣。

【注释】

①韩垣:作者虚构的人物。②以策干(gān)齐王:以向齐王献计策为名请求任用。干,即干谒,指对人有所求而请见。下文中的"干"同此。③司寇:古官名。西周始置,掌管刑狱、纠察等事。这里引申为"牢狱"。④田无吾:作者虚构的人物。⑤臣闻娵(jū)萌学扰象而工:我听说娵萌学习驯象之术,且技艺娴熟。娵萌,作者虚构的人物。扰象,驯象。工,精湛;娴熟。⑥北之(zhì)义渠:到北方的义渠去。之,到;往。义渠,古族名,西戎之一。其地靠近秦国,春秋时势力强大,自称为王。⑦不答:不予答允。⑧诽:诋毁;毁谤。⑨顾:只是;但是。⑩

赧(nǎn)：惭愧；因羞愧而脸红。⑪医胡之魏：一位姓胡的医生来到魏国。⑫属：连接。这里指上气不接下气。⑬疾：赶快；迅速。⑭恚：怨恨；愤怒。⑮坎井：指浅井。⑯蛙蚓：即青蛙与蚯蚓。这里为偏义复词，指蛙。⑰硜硜(kēng)：同"硁硁"。浅薄固执的样子。⑱释：解开；释放。

噬　狗

楚王问于陈轸①曰："寡人之待士也，尽心矣，而四方之贤者不贶②寡人，何也？"陈子曰："臣少尝游燕，③假馆于燕市④。左右皆列肆⑤，惟东家甲⑥焉，帐卧起居、饮食器用，无不备有，而客之之者⑦，日不过一二，或终日无一焉。问其故，则家有猛狗，闻人声而出噬⑧，非有左右之先容⑨，则莫敢蹑⑩其庭。今王之门，无亦有噬狗乎⑪？此士所以艰其来⑫也。"

【注释】

①陈轸(zhěn)：战国时齐人，著名纵横家。曾历仕秦、楚、齐三国。②贶(kuàng)：赐予；赏赐。这里引申为"赏脸"、"赏光"。③臣少尝游燕：我年轻时曾在燕国游历。少，年轻时。尝，曾经。燕，周代诸侯国。④假馆于燕市：暂时居住在燕国都城的客店里。假馆，暂时居住在客店。燕市，即燕国都城。⑤列肆：成排的店铺。⑥甲：居于第一，最好的。⑦客之之(zhì)者：客人到这里来的。第一个"之"是动词，到。第二个"之"是代词，代指客店。⑧出噬：指跑出来咬人。⑨先容：关照；事先介绍，说情。⑩蹑：踏；踩。这里指登门入室。⑪无亦有噬狗乎：莫不是也有咬人的狗吧？无，"得无"的省略，表猜测。⑫艰其来：很难到来。

郤恶奔秦

秦楚交恶①，楚左尹②郤恶③奔秦，极言楚国之非。秦王喜，欲以为五大夫④。陈轸曰:"臣之里⑤有出妻而再嫁者,日⑥与其后夫言前夫之非,意甚相得⑦也。一日,又失爱于其后夫,而嫁于郭南之寓人⑧,又言其后夫如昔者。其人为其后夫言之,后夫笑曰:'是所以语子者,犹前日之语我也。'今左尹自楚来,而极言楚国之非,若他日又得罪于王而之⑨他国,则将移其所以訾⑩楚者訾王矣。"秦王由是不用郤恶。

【注释】

①交恶:互相仇视憎恨;双方关系恶化。②左尹:古官名,春秋时楚国置,其职位低于令尹。③郤(xì)恶:作者虚构的人物。④五大夫:古代爵位名。战国时楚魏始设,秦汉因之,位于二十等爵中的第九级。⑤里:乡里;故里。⑥日:每天。⑦相得:彼此投合。⑧寓人:羁旅之人;客居之人。⑨之(zhì):到;往。⑩訾(zǐ):诋毁;非议。

乌　蜂

杞离谓熊蛰父①曰:"子亦知有乌蜂②乎?黄蜂殚其力③以为蜜,乌蜂不能为蜜,而惟食蜜,故将墐④户,其王使视蓄而计课⑤,必尽逐其乌蜂,其不去者,众哜⑥而杀之。今居于朝者无小大,无不胝手瘃足⑦以任王事,皆有益于楚国者也。而子独遨⑧以食,先星而卧,见日而未起,是无益于楚国者也。且夕⑨且计课,吾忧子之为乌蜂也。"

熊蛰父曰:"子不观夫人之面乎?目与鼻、口皆日用之急,独眉无所事,若可去也,然人皆有眉而子独无眉,其可观乎?以楚国之大,而不能容一遨以食之士,吾恐其为无眉之人,以贻观者笑⑩也。"

楚王闻之,益厚待熊蛰父。

【注释】

①杞离、熊蛰父：两人俱系作者虚构的人物。②乌蜂：一种蜂类。形体近似黄蜂，色黑褐，只吃蜜，不酿蜜。在地下或泥墙上筑巢。③殚其力：竭尽全力。殚，竭尽。④墐(jìn)：用泥涂塞。⑤其王使视蓄而计课：蜂王命令亲信察看黄蜂酿蜜数量，然后按照比例征收赋税。计课，指计算、征收赋税。⑥哜(jiē)：鸣叫声。⑦胝(zhī)手瘃(zhú)足：手长老茧，脚生冻疮。这里形容大臣全都为朝政操劳。胝，即胼(pián)胝，俗称老茧。瘃，冻疮。⑧遨：遨游。这里指闲暇无事。⑨旦夕：指早晚。⑩贻观者笑：为旁观者讥笑。

议使中行说

汉八年，高皇帝^①崩，吕太后^②临朝听政。大臣患匈奴^③之强，将与为和亲，^④议使者^⑤。太后恶宦者中行说，^⑥欲去之，故使往焉。^⑦

栾布^⑧谏曰："陛下之所以使中行说者，不过以匈奴骄恣，必不能善待汉使，或留之，则非我所惜，从而弃之耳。臣独以为不便^⑨。夫使所以达主命，释仇讲好，决疑解纷，卑不可以屈国体，高不可以激敌衅，察变应机以制事权，国之荣辱，己之休戚，非素所爱信而知其忠且亮者，不可遣也。今中行说，刑臣^⑩也。名不齿^⑪于国士，又陛下之所素恶^⑫。夫素恶于君，则不重其君；名不齿于国士，则不重其身。臣惧其泄国情而开敌衅也。"弗听。

栾布退谓辟阳侯^⑬曰："子不力谏，北边自此弗宁矣。昔郑伯^⑭恶其大夫高克^⑮，弗能去，而使帅师以御狄^⑯，次于河上，^⑰久而不召。众溃，高克奔陈^⑱。《春秋》书曰：'郑弃其师，^⑲'病^⑳郑伯也。今使说也如匈奴，无乃弃说以及其介币乎？^㉑昔晋之败于邲也，先縠实往楚师；^㉒楚之败于鄢陵也，苗贲皇实在晋。^㉓此古人

77

之债车辙也㉔。上㉕必悔之。"

【注释】

①高皇帝：即汉高祖刘邦。②吕太后：即吕雉，汉高祖皇后。③匈奴：古族名。战国时主要在燕、赵、秦以北地区活动。秦汉之际，势力日渐强盛，统治了大漠南北广大地区，且不断南下攻扰汉朝。④将与为和亲：打算与匈奴和亲。和亲，联姻，指汉族封建王朝利用婚姻关系与边疆各族统治者结亲交好。⑤议使者：商议和亲使者的人选。⑥太后恶宦者中行说：太后厌恶宦官中行(háng)说。中行说，汉代燕人。文帝时宦官。⑦欲去之，故使往焉：想要除掉他，所以命令他前去和亲。⑧栾布：西汉溧(河南商丘)人。曾为梁王彭越的大夫，后被汉高祖任为督尉。汉文帝时，为燕相。后因平定吴楚七国之乱有功，封为鄃侯。⑨不便：不合适；不适宜。⑩刑臣：指受过宫刑的臣属，即宦官。⑪不齿：不与并列，这里指中行说不配称国士。⑫素恶(wù)：一向所厌恶。⑬辟阳侯：刘邦谋士，因功封为辟阳侯，曾任左丞相。其人阿附吕太后，深得宠幸，后为淮南王刘长所杀。⑭郑伯：春秋时郑国国君。⑮高克：春秋时郑国大夫，不为郑伯所喜，后投奔陈国。⑯狄：古族名。春秋时期主要在齐、鲁、晋、卫、宋、邢等国之间活动，与诸国接触频繁。因为他们居住于北方，故又常称之为北狄。⑰次于河上：在黄河边安营扎寨。⑱陈：古国名。周武王灭商后所封。⑲郑弃其师：指郑国自己丢弃了自己的军队。⑳病：指责；怨恨。㉑今使说也如匈奴，无乃弃说以及其币乎：如今让中行说出使匈奴，难道是想丢弃他以及和亲所带的礼物吗？介币，指和亲的财礼，主要是披甲、帛币等。㉒昔晋之败于邲(bì)也，先縠实往楚师：鲁宣公十二年，楚军攻打郑国，晋兵前去救援，途中得知楚军已经攻破郑国，正班师南返。于是晋军将领对是否与楚军交战一事，意见不一。晋军中军副将先縠力主决战，且擅自率军渡过黄河。后因轻敌，不肯备战，被楚军袭击。后楚军列阵于邲，晋军早已丧胆，不敢与战，争船渡河退走，溃不成军，导致大败。所以晋军的这次失败，主要在于晋国用人不当，被副将先

毂葬送了战争的主动权。㉓楚之败于鄢陵也,苗贲皇实在晋:鲁成公十六年,晋楚两军战于鄢陵,背叛晋国的原楚国贵族苗贲皇将楚军的情况透露给晋军,结果使楚军大败。所以楚军的这次失败,主要是因为苗贲皇心在晋国的缘故。㉔此古人之偾车辙也:这些就是古人失败的前车之鉴呀。偾车辙,指车子翻倒在路上。偾,覆败。㉕上:这里指吕太后。

论　相

　　楚王患其令尹芎吕臣之不能,①欲去之。访于宜申②,宜申曰:"未可。"王曰:"何故?"宜申曰:"令尹,楚相③也。国之大事,莫大乎置④相,弗可轻⑤也。今王欲去其相,必先择夫间⑥之者,有乃可耳。"王蹙然⑦曰:"令尹之不足以相楚国,不惟⑧诸大夫及国人知之,鬼神亦实知之,大夫独以为未可,寡人惑焉。"

　　宜申曰:"不然。臣之里有巨室,梁蠹且压⑨,将易⑩之,召匠尔⑪。匠尔曰:'梁实蠹,不可以不易,然必先得材焉,不则⑫未可也。'其人不能堪⑬,乃召他匠,束⑭群小木以易之。其年冬十有一月⑮,大雨雪⑯,梁折而屋圮⑰。今令尹虽不能,而承其祖父之余⑱,国人与之素⑲矣。而楚国之新臣弱,未有间者,此臣之所以曰未可也。"

【注释】

①楚王患其令尹芎吕臣之不能:楚王担心令尹芎吕臣不能胜任其职。②宜申:斗宜申,春秋时楚国大夫。③相(xiàng):辅佐君主、掌管朝政的最高官吏,后世通常称为相国、宰相或丞相。④置:废弃;舍弃。⑤轻:不慎重;轻率。⑥间(jiàn):接替;替代。⑦蹙(cù)然:忧愁不悦的样子。⑧不惟:不仅是;不只是。⑨压:塌陷;崩坏。⑩易:更换;改换。⑪匠尔:匠人名,名尔。⑫不则:犹"否则"。⑬堪:承受;忍受。⑭束:绑;捆。⑮有(yòu):通"又"。用于整数与零数之间。"十有一月",指十一月。⑯大雨(yù)雪:降大雪。雨,名词用作动词,下;降落。⑰圮(pǐ):倒塌。⑱余:余威;余荫;余福。⑲国人与(yù)之素:向来得到国人的认可。与,称

誉;赞扬。这里引申为"认可"、"支持"。素,向来;一向。

捕　鼠

赵人患鼠,[1]乞猫于中山[2],中山人予之。猫善捕鼠及鸡,月余,鼠尽,而其鸡亦尽。其子患之,告其父曰:"盍去诸?[3]"其父曰:"是非若所知也。[4]吾之患在鼠,不在乎无鸡。夫有鼠,则窃吾食,毁吾衣,穿吾垣墉[5],坏伤吾器用,吾将饥寒焉,不病[6]于无鸡乎?无鸡者,弗食鸡则已耳,[7]去饥寒犹远,若之何[8]而去夫猫也!"

【注释】

①赵人患鼠:赵国有个人担忧鼠灾。②中山:中山国,古国名。古址在今河北省正定东北。③盍去诸:为什么不把它赶走呢?④是非若所知也:这不是你所能了解的。是,指示代词,这。若,第二人称代词,你。⑤垣墉:矮墙和高墙。这里泛指墙壁。⑥病:担心;忧虑。⑦弗食鸡则已耳:不吃鸡就罢了。已耳,罢了。⑧若之何:为什么。

使　贪

客有短吴起于魏武侯者,[1]曰:"吴起贪[2],不可用也。"武侯疏吴起。

公子成[3]入见,曰:"君奚为[4]疏吴起也?"武侯曰:"人言起贪,寡人是以不乐焉。"

公子成曰:"君过[5]矣。夫起之能,天下之士莫先焉[6]。惟其贪也,是以来事君;不然,君岂能臣之[7]哉?且君自以为与殷汤、周武王孰贤?[8]务光[9]、伯夷[10],天下之不贪者也,汤不能臣务光,武王不能臣伯夷。今有不贪如二人者,其[11]肯为君臣乎?今君之国,东距^⑫齐，南距楚，北距韩、赵，西有虎狼之秦。君独以四战之地处其中，而彼五国顿兵^⑬坐视不敢窥魏者，何哉？以魏国有吴起以为将也。《周诗》有之曰：'赳赳武夫，公侯干城。'^⑭吴起是也。君若念社稷^⑮，惟起所愿好^⑯而予之，使起足其欲而无他求，坐威魏国之师，所失甚小，所得甚大。乃欲使之饭粝茹蔬^⑰，被短褐，^⑱步走以供使令，起必去之。起去，而天下之如起者却行^⑲，不入大梁^⑳，君之国空矣。臣窃为君忧之。"

武侯曰："善。"复进吴起。

【注释】

①客有短吴起于魏武侯者：有一位门客，在魏武侯面前谈论吴起的短处。短，短处，缺点。这里指谈论别人的短处。②贪：爱财；纳赃受贿。③公子成：作者虚构的人物。④奚为：为什么。⑤过：过失，错误。⑥莫先焉：没有人能超过他，指无人能及。⑦臣之：使他（吴起）成为您的臣子。臣，名词用作动词，使之为臣。⑧君自以为与殷汤、周武王孰贤：您自认为和成汤王、周武王比起来，谁更贤明？⑨务光：夏代人，著名隐士。传说汤灭桀后，想传王位给务光。务光得知后，遂负石自沉于蓼水，躲藏起来，不知去向。相传其四百年后至武丁时复现。武丁想要拜他为相，复隐去。⑩伯夷：商朝末年人。武王灭商后，逃避到首阳山，不食周粟，最终饿死。⑪其：通"岂"，难道。⑫距：通"拒"。抵御；抵抗。⑬顿兵：屯兵。⑭《周诗》有之曰：'赳赳武夫，公侯干城'：《周诗》中的诗句，意谓雄壮威猛的武将，是保卫国家的人才。⑮社稷：指国家。⑯所愿好(hào)：所想要的和喜欢的。⑰饭粝(lì)茹蔬：指吃粗淡的饭菜。饭、茹均是名词用作动词，吃的意思。粝，粗米，粗粮。⑱被(pī)短褐：穿着平民百姓的衣服。被，通"披"。披戴；穿戴。短褐，粗布短衣，古代指平民百姓的服装。⑲却行：往回走。却，退。⑳大梁：战国时魏国的都城，古址在今河南省开封市西北。

蜥蜴第七

蜥　蜴

智伯围赵襄子于晋阳，①使人谓其守②曰："若能以城降，吾当使若子及孙③世世保之。"

守者对曰："昔者中牟之郭圮④，有蜥蜴⑤堕于河⑥，沫⑦拥之以旋，其翅拍拍。蟹⑧见而怜之，游而负之。及陆，谓曰：'吾与子百年无相忘也。'蟹振羽大笑曰：'若⑨冬春之不知也，而能百年无忘我乎？'今晋国惟无人而雍⑩，女以天盈，⑪盈而恃之，是雍祸⑫也。雍祸恃盈，以虿尾于人⑬，天实厌⑭之。晋阳朝亡，女必夕死。予死不寒，⑮犹及见之，其何有于子及孙？"

是夕，智伯为韩、魏所杀。

【注释】

①智伯围赵襄子于晋阳：智伯将赵襄子围困在晋阳。②守：守城的长官。③若子及孙：你的子孙后代。若，第二人称代词，你。④昔者中牟之郭圮(pǐ)：从前，中牟的城墙坍塌了。中牟，春秋时晋邑，故址在今河南省开封市附近。郭，即外城，古代在城的外围加筑的一道城墙。圮，毁坏；坍塌。⑤蜥蜴(xī lù)：一种蝉，又名螅蚱，体型较小，青紫色，寿命短。⑥河：即黄河。⑦沫：指水沫。⑧蟹(hú)：同"螜(hú)"，即蝼蛄，俗称"土狗"。一种昆虫，对农作物有害。⑨若：第二人称代词，你。⑩雍(yōng)：阻挡；堵塞。这里引申为"受挫"。⑪女(rǔ)以天盈：你凭借天意（指偶然

的机会)而强盛起来。女,通"汝",你。盈,充满,增长。⑫酿祸:酿祸,堆积祸害。⑬虿(chài)尾于人:指用毒蝎的尾刺蜇人。比喻其多行不义。虿,蝎类,一种毒虫。⑭厌:厌恶;厌弃。⑮予死不寒:指尸骨未寒。

德 量

郁离子曰:人之度量相越也,①其犹江海之于瀸泉②乎。瀸泉之微,积而至于海,无以尚③之矣。而海亦不自知其大也。惟其不自知其大也,故其纳不已④,而天下之大莫加焉。圣人之为德,亦若是而已矣⑤。是故汧泉⑥纳瀸泉,池纳汧泉,沟纳池,浍⑦纳沟,溪纳浍,川纳溪,泽纳川,江河纳泽而归诸海。故天子,海也;公、侯、卿、大夫,江河也,川泽也;庶官⑧,溪、浍之类;而万民皆瀸泉也。瀸泉之于海,其相去也不亦大县绝⑨矣乎?而其势必趋焉,其志之感,情之达,如气至而虫鸣也,如雨来而础⑩润也。

君人者,⑪惟德与量俱⑫,而后天下莫不归⑬焉。德以收之,量以容之。德不广,不能使人来;量不弘,不能使人安。故量小而思纳大者,祸也。汋谷之鲵,⑭不可以陵⑮洪涛;蒿樊之鴳,⑯不可以御飘风⑰。大不如海,而欲以纳江河,难哉!

【注释】

①人之度量相越也:指人与人之间的度量相距甚远。相越,相差;相距。②瀸(jiān)泉:时有时无的泉水。③尚:胜过;超过。④其纳不已:接纳从不停止。这里指大海广纳百川,永无休止。纳,容纳;接纳。不已,不止。⑤亦若是而已矣:也无非是这样罢了。⑥汧(qiān)泉:小水坑。汧,流水停积的地方。⑦浍(kuài):指田间的排水沟。⑧庶官:普通官吏。庶,众多,引申为"普通"、"一般"。⑨县绝:非常悬殊。县,通"悬",悬殊;差别大。⑩础:指柱下的石礅。⑪君人者:治理国家的人,意即国

君。⑫俱：协同，在一起。这里引申为"同时具备"。⑬归：依附；归附。
⑭汋(zhuó)谷之鲤(yìng)：山谷里的小鱼。汋谷，指有水流淌的山谷。
汋，水涌出。鲤，指小鱼。⑮陵：超越。⑯蒿樊之驾(rú)：在杂草、篱笆间
飞窜的小鸟。驾，小鸟名。⑰御飘风：驾驭暴风。御，控制；驾驭。飘风，
指旋风、暴风。

髽辫失笑

　　介葛卢髽，①白狄辫，②皆朝于鲁③。遇于沈犹氏之衢，④相睨而
失笑。从者归而语诸馆，交訾焉⑤。鲁人使执渠略⑥与蛞蝓⑦以示
之，弗喻⑧。

　　公山弗狃⑨欲伐季氏⑩，问于冉有⑪。冉有曰："盍召仲尼？⑫"
公山弗狃使召仲尼。或谓其人曰："子之从夫子⑬也，粲衣而凿
食⑭。今将恒其故而丰其新⑮矣，而召仲尼焉，至必授之政，将绳子
以缧⑯，子其悔哉？"乃阴嗾⑰使者，易其礼，仲尼不至。将起师，冉
有曰："盍闻诸公乎？⑱"弗听。遂以费⑲人攻季氏。问昭公⑳焉。师
人，惊公宫。季桓子㉑挟公以登台，使行人㉒辞诸费人曰："先君㉓之
事，先大夫㉔有之。虽然，盟主㉕实有命。今斯㉖之事君惟谨，君惠
优渥㉗，蔑㉘有二命。二三子㉙不念鲁国，不谋于君，而怫临以兵㉚，
其若君与社稷何㉛！且吾闻之，鸢不吓乌㉜，袒裼㉝不责夷踞㉞，惟二
三子图㉟之。"费人曳戈而走㊱，公山弗狃出奔齐㊲。

　　君子曰："公山之伐季氏也，其犹介葛卢之咻㊳狄乎？虽欲召
仲尼，卒蒙于其人而弗果，㊴其无成也，宜㊵哉！"

【注释】

　　①介葛卢髽(zhuā)：介国国君葛卢头上梳着髽髻。②白狄辫：白狄
的首领梳着辫子。白狄，古族名，主要生活在今陕西延安、山西介休一

84

带。辫,名词用作动词,将头发打成辫子。③鲁:鲁国。④遇于沈犹氏之衢:指介葛卢和白狄首领相遇在鲁国的大道上。衢,四通八达的道路。⑤交訾(zǐ)焉:指相互指责对方的装束。訾,指责;诋毁。⑥渠略:昆虫名。即蜉蝣,寿命极短。⑦蛣蜣(jié qiāng):昆虫名。即黑甲虫,喜吃粪土。⑧弗喻:不明白。喻,知晓;明白。⑨公山弗狃(niǔ):春秋鲁国人,后逃奔齐国。⑩季氏:又称季孙氏。春秋鲁桓公子季友的后人。⑪冉有:即冉求,字子有。春秋鲁国人,孔子的学生,为季孙氏的家臣。⑫盍召仲尼:何不把孔丘征召过来,咨询一下呢?⑬夫子:古代对男子的尊称,这里指公山弗狃。⑭粲衣而凿食:犹言穿得美,吃得好。粲,华美;鲜艳。凿,通"糳",舂,将糙米舂成精米。⑮恒其故而丰其新:指使老部下变得平常,让新来的得到重用。恒、丰,俱为使动用法。⑯绳子以缠(mò):指用绳索捆缚你。意即受制约,没有自由。绳,名词用作动词,捆绑。缠,本指木工用的墨线,这里引申为"绳索"。⑰阴嗾(sǒu):暗地里教唆。嗾,教唆;指使。⑱盍闻诸公乎:何不听一下大家的建议呢?⑲费(bì):古地名,春秋时鲁邑,位于今山东省费县。⑳昭公:即鲁昭公。春秋时鲁国国君。㉑季桓子:即季孙斯,春秋时鲁国大夫。㉒行人:古官名,负责朝觐聘问等事务。类似于今天所谓的使者。㉓先君:已故的君主。特指在位国君的亡父。㉔先大夫:已故的大夫。㉕盟主:指古代诸侯盟会中的领袖或主持者。㉖斯:即上文中的季桓子。㉗优渥(wò):优厚,待遇好。㉘蔑:没有;无。㉙二三子:指在场的各位。㉚怫(fú)临以兵:怒气冲冲地以兵戈相加。怫,愤怒的样子。㉛其若君与社稷何:(你们心中)又将君主和国家置于何地?㉜鸢(yuān)不吓乌:老鹰不会恐吓乌鸦。鸢,即老鹰。㉝袒(tǎn)裼(xī):脱去上衣,露出身体,以示有礼。㉞夷踞:少数民族的傲慢无礼。夷,古代对东方少数民族的统称。踞,通"倨",傲慢。㉟图:谋划;考虑。㊱曳戈而走:拖着兵器逃跑了。曳,拖,拉。㊲齐:周代诸侯国。由姜太公所创建,后被秦所灭,古址在今山省东北部。㊳咻(xiū):喧嚷。㊴卒蒙于其人而弗果:指最终被人所蒙蔽而没有成功。㊵宜:适当;顺理成章。

淳于髡论燕叛

　　齐人伐燕,取其财而俘其民。王朝而受俘,^①喜见于色,^②谓其大夫曰:"寡人之伐燕,不戮一人焉,虽汤武亦若是而已矣。"大夫皆顿首贺。

　　已而燕人畔。^③王怒曰:"吾之于燕民,尽心焉,一朝而畔,寡人德不足为与^④?"淳于髡^⑤仰天大笑,王怪而问之。

　　对曰:"臣邻之富叟疾^⑥,使巫祷^⑦于神。神告之曰:'若能活物万^⑧,吾当为若请于帝,去尔疾,锡尔寿^⑨。'富叟曰:'诺^⑩。'乃使人蒐^⑪于山,罗^⑫于林,罾^⑬于泽,得羽毛鳞介^⑭之生者万,言于神而放之。罔罟^⑮所及,铩翅^⑯而灭足者,嘈嘈聒聒,^⑰蔽野揜谷。明日而富叟死。其子往泣于巫曰:'神亦有迁^⑱乎?'问之,以实对。巫笑曰:'有是哉!是女实自迁,非神迁女也^⑲。'今燕之君臣相为不道^⑳,而民无故^㉑也,君伐而取其财,迁其居,冤号之声,訇殷^㉒天地,鬼神无所依归,帝怒不可解矣,而曰不戮一人焉。夫^㉓人饥则死,冻则死,不必皆以锋刃而后谓之杀之也。《周诗》曰:'树怨以为德。'^㉔君实有焉。^㉕而以尤^㉖燕民,非臣之所知也。"

【注释】

　　①王朝而受俘:齐王朝见群臣并举行受俘礼。受俘,一种仪礼,古代封建统治者战争胜利后,先行献俘礼,把所获俘虏献于宗庙社稷,再行受俘礼,由皇帝接受战俘。②喜见(xiàn)于色:喜形于色。见,显露;呈现。③已而燕人畔:不久燕人背叛齐国。已而,不久。畔,通"叛",背叛。④德不足为与:仁德的事难道不值得去做吗?⑤淳于髡(kūn):战国时齐人,滑稽善辩,齐威王时曾任大夫,多次讽谏齐威王和邹忌改革政治。⑥疾:得病;患病。⑦祷:指向神祝告祈求福寿。⑧活物万:使万物活,即救

活世上万物。⑨锡尔寿：赐予你长寿。锡，同"赐"，赐予。⑩诺：表示同意的应答之词。⑪蒐(sōu)：同"搜"。春季打猎，这里引申为"搜集"、"寻找"。⑫罗：捕鸟的网。这里用作动词，指张网捕捉。⑬罾(zēng)：指撒网捕鱼。⑭羽毛鳞介：泛指飞禽鱼鳖之类。⑮罟罟(gǔ)：泛指各种网。罟，网。⑯铩(shā)翅：折断翅膀。铩，折；伤残。⑰嘈嘈聒聒(guō)：嘈杂的声音。这里指哀鸣之声。⑱迋(kuáng)：欺诈；欺骗。⑲是女(rǔ)实自迋，非神迋女也：确实是你在欺骗自己，并非神灵欺骗你。女，通"汝"，第二人称代词，你。⑳相为不道：(君、臣)彼此皆做不合道义的事。即通常所说的"君无君德，臣无臣道"。㉑无故：无辜。故，通"辜"。㉒訇(hōng)殷：形容声音很大。㉓夫：句首发语词，无义。㉔《周诗》句：做了可怨之事，却被人反以为德。㉕君实有焉：您的确存在这种情况呀。㉖尤：埋怨，责怪。

造物无心

郁离子曰：呜呼！天下之乱也，天亦无如之何矣①！夫天下之物，动者、植者、足者、翼者、毛者、裸者、�臟如②也，沸如③也，葊如④也，森如⑤也，出出而不穷，连连而不绝，莫非⑥天之生也。则天之好生，亦尽其力矣。尽其力以生之，又尽其力以歼之，不亦劳且病⑦哉？其生也非一朝，而其歼也在顷刻。天若能⑧，如之何而为之？则亦不诚甚矣！⑨

【注释】

①天亦无如之何矣：上天也不知道如何是好。指对于战乱，上天也无计可施。②臟臟(jí)如：和睦相聚的样子。③沸如：喧腾、喧嚣的样子。④葊(běng)如：茂盛的样子。⑤森如：繁密的样子；高耸的样子。⑥莫非：没有不是，即无一不是。⑦劳且病：指徒劳而伤神。⑧能：友善；亲善。⑨则亦不诚甚矣：那么，天也太不真诚了。

秦　医

楚令尹①病,内结区霿②,得秦医而愈。乃言于王,令国人有疾不得之他医③。无何,④楚大疫,凡疾之之秦医者⑤皆死,于是国人悉往齐求医。

令尹怒,将执之。子良⑥曰:"不可。夫⑦人之病而服药也,为其能救己也。是故辛蜇⑧涩苦之剂⑨,针砭熨灼之毒,⑩莫不忍而受之,为其苦短而乐长也。今秦医之为方⑪也,不师古人而以臆⑫,谓岐伯、俞跗为不足法⑬,谓《素问》、《难经》为不足究也⑭。故其所用,无非搜泄酷毒之物,⑮钩吻戟喉之草,⑯莘心晕脑⑰入口如锋,胸肠刮割,弥日达夕,⑱肝胆决裂。故病去而身从之,不如死之速也。吾闻之,择祸莫若轻,人之情也。今令尹不求诸草茅⑲之言,而图利其所爱,其若天道何?⑳吾得死于楚国,幸也!"

【注释】

①令尹:古官名。春秋战国时楚国所设,其地位相当于宰相。②区霿(kòu mào):愚昧无知。这里用作疾病名,指抑郁类的疾病。③有疾不得之他医:有了病不能找别的医生救治。之,动词,往;到。④无何:指没过多久。⑤凡疾之之(zhì)秦医者:指得病后凡是去找秦国医生救治的患者。⑥子良:大概指的是庄襄王时郑人子良。他是郑伯弟,曾在楚国做人质。⑦夫:句首发语词,无义。⑧辛蜇(zhē):辛辣。⑨剂:指药剂。⑩针砭熨灼之毒:针刺、热熨、薰灼等治疗方法所带来的痛苦。针、砭,均是古代用以针刺治病的医疗工具。熨,一种中医外治法,指用布将炒热的药物包裹,然后热熨患处,或用棉布浸渍药汁,乘热熨之。灼,指灸法而言。灸法,一般指艾灸法,把陈艾叶捣搓成细末后,做成艾炷或艾条,然后在选定的穴位的表皮上薰灼,借助艾火的热力透入肌肤,以达到温

经散寒,调和气血的功效。毒,苦楚。⑪为方:指采取的治疗方法。⑫
臆:臆断,主观猜测。⑬谓岐伯、俞跗为不足法:认为岐伯、俞跗不足以效
法。谓,认为。岐伯、俞跗,均是传说中的名医。⑭谓《素问》、《难经》为
不足究也:认为医书《素问》、《难经》不值得研究。《素问》、《难经》,均为
古代医书名。究,研究;探求。⑮搜泄酷毒之物:指迅猛烈性的药物。搜
泄,猛泄。搜,迅猛。酷毒,指毒性特大。⑯钩吻戟喉之草:指刺激性强
的草药。钩、戟,均为古代兵器,这里引申为"刺激"。⑰荤(xūn)心晕脑:
使人恶心,让人头晕。这里指药的气味难闻,恶心呕吐,头晕目眩。⑱弥
日达夕:从早到晚,整天整夜。⑲草茅:在野未仕之人。⑳其若天道何:
指将天道置于何处呢? 天道,即天理。中国哲学术语,其内容主要包括
天文学知识及关于上帝、天命等迷信观念,而后者常为统治者所利用,用
以统治百姓。

不为不情之事

郁离子曰:膏粱可以易豆羹,①狐貉可以夺缊絮,②民情之常
也。是故膏粱不足,豆羹可也;狐貉不足,缊絮可也。野鸟絷于笼
中而驯者,以食也。③笼中之不如山薮④,入其笼者知之。有童子侧
木檗⑤而设食,以诱鼠,多获鼠。一夕,逸⑥其一,遂不复获鼠。今
使持檞叶⑦之衣、麦麸⑧之饼而招于市,曰:"舍尔室,捐而⑨服,而来
与我共此。"则虽其子亦走而避矣。是故不情⑩之事,大人不为之。

【注释】

①膏粱可以易豆羹:指用肥美的食品可以交换普通食品。膏粱,肥
美的食物。②狐貉可以夺缊(yùn)絮:指用狐、貉之皮可以交换乱麻之
絮。狐貉,这里指狐、貉之皮。夺,更换;交换。缊絮,以乱麻为絮。③野
鸟絷于笼中而驯者,以食也:野鸟被关在笼中,且得以驯服,依靠的是食
物。絷,捆;栓,这里引申为"拘囚"。驯,驯服。④山薮:指山林和湖泽。

⑤木榠：指木质的灯架。⑥逸：逃逸；逃跑。⑦槲(hú)叶：即槲树叶。槲，木名。也叫柞栎，落叶乔木。⑧麦麧(hé)：麦糠中的粗屑。泛指各种粗食。⑨而：第二人称代词，你。⑩不情：不合情理。

荀卿论三祥

楚王好祥①，有献白乌、白鹳鹆、木连理者，②群臣皆贺，荀卿③不来。王召而谓之曰："寡人不佞④，幸赖先君之遗德，群臣辑睦⑤，四鄙⑥无事，鬼神鉴格⑦而降之祥。大夫⑧独不喜焉，愿闻其故。"

荀卿对曰："臣少尝受教于师矣。王之所谓祥者，非臣之所谓祥也。臣闻王者之祥有三：圣人为上，丰年次之，凤凰、麒麟⑨为下。而可以为祥、可以为妖者不与焉。⑩故凡物之殊形诡色⑪，而无益于民用者，皆可以谓之祥、可以谓之妖者也。是故先王之思治其国也，见一物之非常⑫，必省其政⑬。以为祥与⑭，则必自省曰：'吾何德以来之⑮？'若果有之，则益勉其未至⑯；无则反躬⑰自励，畏其僭⑱也，畏其易福而为祸也。以为妖与⑲，则必自省曰：'吾何庆⑳以致之？'若果有之，不待旦而改之；无则夙夜祗惕㉑，检视听之所不及，畏其蔽也，畏其有隐慝而人莫之知也㉒。夫如是，故祥不空来而妖虚其应㉓。今三闾大夫放死于湘㉔，鄢郢㉕、夷陵㉖皆举于秦㉗，耕夫牧子莫不荷㉘戈以拒秦，老弱馈饷㉙，水旱相仍㉚，饥馑无蓄，㉛虽有凤凰、麒麟日集于郊，无补楚国之罅漏㉜，而况于易色㉝之鸟、乱常之木㉞乎？王如不省㉟，楚国危矣。"

王不寤，荀卿乃退处兰陵。楚遂不振以亡。

【注释】

①祥：吉兆；祥瑞。迷信的人以为某种奇特事物出现，是吉祥的征兆。②有献白乌、白鹳鹆(qú yù)、木连理者：乌，即乌鸦，羽毛通体黑色，

白色者稀有。鸜鹆,即鸲鹆,俗名八哥。通常为黑色,白色者罕见。木连理,即连理枝,不同根的树木,枝干连生在一块儿,此种情况鲜见。以上三件东西,古时被认为是"吉祥"的征兆。③荀卿:名况,战国时赵人。儒家学派的代表人物,著名思想家、教育家。④不佞:谦辞,犹"不才",即没有才能。⑤辑睦:和睦。辑、睦,均是"和睦"的意思。⑥四鄙:指四方边境。鄙,边疆,偏远之地。⑦鉴格:即明察秋毫、明辨是非。鉴,审辨;明察。格,推究,考察。⑧大夫:古官名。这里指荀卿。⑨麒麟:又简称麟。古代传说中的一种瑞兽,其状如鹿,尾似牛,独角,全身长满鳞甲,被古人视为吉祥之物。⑩可以为祥、可以为妖者不与焉:既可以预示吉兆,又可以预示凶兆的事物,不在我所谓的"祥"中。妖,与"祥"对举,有"凶兆"之意。与,在其中。⑪殊形诡色:形状奇特,颜色怪异。⑫非常:非同寻常,不同一般。⑬省(xǐng)其政:检查、察看国家治理的情况。省,察看,检查。⑭祥与:预示"吉兆"的事物。⑮以来之:使之来,指使它出现。⑯益勉其未至:更加勉励去做自己尚未达到的事情。⑰反躬:这里有"反转来""回过来"的意思。⑱僭(jiàn):指超越本分。⑲妖与:预示"凶兆"的事物。⑳戾:罪行。㉑夙夜祗(zhī)惕:日夜警惕。夙,指早晨。祗,恭敬。㉒畏其有隐慝(nì)而人莫之知也:担心有不好的东西被隐藏起来而不为人所知。隐慝,隐藏;隐瞒。莫之知也,倒装句,即"莫知之也",意为"没有人知道它"。㉓妖虚其应:即使用凶兆,也不会变成现实。㉔今三闾大夫放死于湘:如今,屈原被放逐而死于湘水流域。三闾大夫,古官名。战国时楚国设置。负责宗庙祭祀及昭、屈、景三姓贵族教育等事务。屈原曾任此职。放,放逐;流放。湘,今湖南一带,因湘水流经此地而得名。㉕鄢(yān)郢(yǐng):指楚国都城。春秋时楚文王定都于郢,战国初楚惠王迁都于鄢,仍号郢。因此,"鄢郢"指代楚国都城。㉖夷陵:古邑名,战国时属楚国。位于今湖北宜昌市东南。公元前278年,秦将白起打败楚军,并在夷陵烧楚先王墓。㉗举于秦:被秦国攻占。举,攻取;攻占。㉘荷:肩负,扛。㉙馈饷:给军队运送粮食。㉚相仍:接连不断。㉛饥馑无蓄:灾荒来了,却无储粮。㉜罅(xià)漏:裂缝,漏洞。这里引申为"国家卑弱"。㉝易色:颜色变样。这里指"白乌、白鹏鸽"之类。㉞乱常之木:违背常理的树木。这里指连理枝。㉟省(xǐng):省悟;反省。

齐伐燕

齐伐燕,用田子①之谋:通往来,②禁侵掠,释其俘,而吊③其民。燕人皆争归之矣。燕王患之。

苏厉④曰:"齐王非能行仁义者,必有人教之也。臣知齐王急近功而多猜⑤,不能安受教⑥;其将士又皆贪,不能长受禁。请以计中之⑦。"

乃阴使人道齐师要降者于途,⑧掠其妇人而夺其财,于是降者皆畏,弗敢进。乃使间招亡民,⑨亡民首鼠⑩。齐将士久欲掠而惮禁⑪,则因民之首鼠而言于王曰:"燕人叛齐。"王见降者之弗来也,果大信之,下令尽收拘降民之家。

田子谏,不听。将士因而纵掠,燕人遂不复思降齐。

【注释】

①田子:对田忌的尊称。战国初期齐国名将。②通往来:交通往来。这里指齐燕虽发生战争,但两国百姓仍交通往来。③吊:悼念;抚慰。④苏厉:战国时纵横家苏秦、苏代之弟,东周洛阳(今河南洛阳)人,亦是纵横家。⑤多猜:多疑,猜忌。⑥安受教:虚心接受别人的教导。⑦以计中之:用计谋使他上套。中,击中。⑧乃阴使人道齐师要降者于途:于是暗地里派人引诱齐军在半路上拦截投降齐国的燕人。阴,暗中;暗地里。道,通"导",诱导;引诱。要(yāo),中途拦截。⑨乃使间(jiàn)招亡民:于是派人偷偷地招徕逃亡的百姓。间,秘密地,偷偷地。⑩首鼠:踌躇;犹豫。⑪惮禁:惧怕禁令。

任己者术穷

郁离子曰:善①疑人者,人亦疑之;善防人者,人亦防之。善疑人者,必不足于信②;善防人者,必不足于智③。知人之疑己而弗舍④者,必其有所存⑤也;知人之防己而不避者,必其有所倚⑥也。夫天下之人,焉得尽疑而尽⑦防之哉?智不足以知贤否,信不足以弭⑧欺诈,然后睢睢⑨焉,惟恐人以我之所以处人者处我也,于是不任人而专任己。于是谋者隐,识者⑩避,哲者愚,⑪巧者拙,⑫廉者匿,⑬而圆曲顽鄙之士⑭来矣。圆曲顽鄙之士盈于前,而疑与防愈急,至于术穷⑮而身愤,愈悔其防与疑之不足,不亦痛哉!

【注释】

①善:善于;喜欢。②信:信任;信用。③智:智慧;聪明。④弗舍:不舍。指明知别人怀疑自己,仍与其交往。舍,舍弃。⑤存:居心;存心。这里指居心不良。⑥倚:依恃;依仗。⑦尽:全,全部。⑧弭:止息;消除。⑨睢睢(suī):仰视的样子。⑩识者:有卓识的人;有识之士。⑪哲者愚:智慧之士假装愚昧。⑫巧者拙:技艺高超之人假装笨拙。⑬廉者匿:为政清廉者躲避不出。⑭圆曲顽鄙之士:指处世圆滑及刁蛮无知之人。顽鄙,刁蛮无知。⑮术穷:手段用尽。术,手段;方法;策略。

论　史

郁离子曰:"呜呼!吾今而后知以讦为直①者之为天下后世害不少也!夫天之生人,不恒②得尧舜禹汤文王③以为之君,然后及其次焉,岂得已哉!如汉之高祖④,唐之太宗,⑤所谓间世之英⑥,不易得也,皆传数百年。天下之生赖之以安,民物蕃昌,⑦蛮夷向风，⑧文物典章⑨可观，其功不细，乃必搜其失⑩而斥之以自夸大，使后世之人举⑪以为词曰：'若是者，亦足以受天命，一九有⑫！' 则不师其长而效其短，是岂非以讦为直者之流害哉？"

或曰："史，直笔也，有其事则直书之，天下之公也，夫奚讦⑬？"

郁离子曰："是儒生之常言，而非孔子之训⑭也。孔子作《春秋》⑮，为贤者讳，故齐桓⑯、晋文⑰皆录其功，非私之也，以其功足以使人慕，录其功而不扬其罪，虑人之疑之，立教之道⑱也。故《诗》《书》⑲皆孔子所删，其于商周之盛王⑳，存其颂美㉑而已矣。"

【注释】

①以讦(jié)为直：以揭人之短为正义。即喜欢揭人短处。讦，指揭发他人的隐私或攻击别人的短处。直，正义的，公正的。②恒：总是；经常。③尧舜禹汤文王：即唐尧、虞舜、大禹、商汤和周文王，他们是我国古代的五位明君典范。④汉之高祖：汉高祖刘邦。⑤唐之太宗：唐太宗李世民。⑥间(jiàn)世之英：隔代的英才。间，间隔。⑦民物蕃昌：指百姓衣食丰足，国家兴旺昌达。⑧蛮夷向风：少数民族闻风仰慕。蛮夷，即"南蛮"和"东夷"，古族名。这里泛指华夏中原以外的少数民族。向风，闻风仰慕；闻风相从。⑨文物典章：指礼乐制度、法令等。文物，指礼乐制度。典章，法令制度的统称。⑩失：过失；过错。⑪举：都；全部。⑫一九有：一统天下。一，统一。九，即九州，古时中国设置九州，这里代指全国。⑬夫奚讦：怎能说是"揭人之短"呢？⑭训：教导；训导。⑮《春秋》：书名。儒家经典之一，相传孔子据鲁史修订而成。⑯晋文：即晋文公。晋献公之子，名重耳。春秋时晋国国君，"春秋五霸"之一。⑰道：途径；方法。⑱《诗》《书》：《诗经》和《尚书》。二书均是儒家经典，相传皆为孔子所删定，但此说不足信。⑲盛王：指盛世有德的君王。⑳颂美：称颂美德。颂，赞扬，称颂。

天地之盗第八

天地之盗

郁离子曰：人，天地之盗也①。天地善生，盗之者无禁。惟圣人②为能知盗，执其权，用其力，攘其功，③而归诸己，非徒发其藏，④取其物而已也。

庶人⑤不知焉，不能执其权，用其力，而遏其机逆其气，⑥暴夭其生息，⑦使天地无所施其功，则其出也匮⑧，而盗斯穷矣⑨。

故上古之善盗者，莫伏羲、神农氏若也⑩。惇其典，⑪庸⑫其礼，操天地之心以作之君，⑬则既夺其权而执之矣，于是教民以盗其力，以为吾用。春而种，秋而收，逐其时而利其生，高而宫，卑而池，水而舟，风而帆，⑭曲取⑮之无遗焉。而天地之生愈滋⑯，庶民之用愈足。

故曰：惟圣人为能知盗，执其权，用其力，非徒取其物，发其藏而已也。惟天地之善生而后能容焉，⑰非圣人之善盗而各以其所欲取之，则物尽而藏竭，天地亦无如之何矣。是故天地之盗息而人之盗起⑱，不极不止也。

然则何以制之？曰：遏其人盗，而通其为天地之盗，斯可矣。

【注释】

①天地之盗也：指人类是大自然所生财富的劫掠者。天地，指自然界。盗，盗贼，这里指劫掠大自然所生财富。②圣人：圣贤之人，指品德

最高尚、智慧最高超的人。③攘其功：指夺取大自然的功绩化为己有。攘，夺取。功，功绩；功劳。④非徒发其藏(zàng)：指圣人劫掠大自然的财富，并非一味地索取，而是懂得如何利用，如何管理。徒，仅仅，只。发其藏，发掘自然的物藏。⑤庶人：泛指无官爵的普通百姓。⑥而遏其机逆其气：反而是阻遏大自然的生机，抑止大自然的元气。⑦暴天其生息：强力损害大自然(万物)的生殖繁衍。⑧匮：匮乏；不足。⑨而盗斯穷矣：大自然的财富也就穷尽，人们也就无从掠夺了。⑩莫伏羲、神农氏若也：指没有人能和伏羲、神农氏相比。意即伏羲、神农氏是上古最懂得利用大自然、最善于从大自然中掠夺财富的人。伏羲，古代神话中人类的始祖。相传他教民结网，从事渔猎、畜牧等。神农氏，古代神话中农业和医药的发明者。相传他教民为耒(lěi)、耜(sì)，以兴农业，并尝百草，为人类治疾病。若，像，如。⑪惇(dūn)其典：笃守法令制度。惇，笃守。⑫庸：利用，采用。⑬操天地之心以作之君：掌握大自然的精魂，且做大自然的主人。⑭高而宫，卑而池，水而舟，风而帆：地势高则建宫殿，地势低则挖池塘，有水则造船交通，遇风则扬帆航行。⑮曲取：用各种方法去劫掠。曲，曲折周到，这里指用各种方法。⑯天地之生愈滋：指大自然的财富越生越多，没有穷尽。⑰惟天地之善生而后能容焉：只有大自然善于滋生财富，然后人们才能被大自然所容纳。⑱天地之盗息而人之盗起：向大自然劫掠财富的行为止息后，人类便开始向其自身劫掠财富了。也即通过战争、屠杀等手段从他人身上掠夺财富。

治 圃

公仪子①谓鲁穆公②曰："君知圃人之为圃乎？③沃其壤，平其畦，④通其风，日疏其水潦⑤，而施艺植⑥焉。窊隆⑦干湿，各随其物产之宜，时而树之，⑧无有违也。蔬成而后撷⑨之，相其丰瘠，⑩取其多而培⑪其寡，不伤其根。撷已而溉，⑫蔬忘其撷⑬。于是庖日充而圃不匮⑭。今君之有司取诸民不度，⑮知取而不知培之，其生几何，⑯而入于官者倍焉。君之圃匮也已，臣窃为君忧之。"

【注释】

①公仪子：战国时鲁国人，曾为鲁穆公相。奉法循礼，刚直廉洁。②鲁穆公：鲁悼公之孙。③君知圃人之为圃乎：您知道菜农是怎样管理菜园的吗？圃人，种菜之人，即菜农。为圃，指管理菜园。④沃其壤，平其畦：使土壤肥沃，使菜畦平整。畦（qí），有土埂围着的长条田块。⑤潦（lǎo）：积水。⑥艺植：耕种，栽植。艺，种植。⑦窊（wā）隆：指地形洼下和突起，引申为起伏、高下。⑧时而树之：按照时节种植各种菜苗。时，适时地；按照时节。树，种植。⑨撷（xié）：采摘；摘取。⑩相（xiàng）其丰瘠：依照土地肥沃、贫瘠。相，观察；察看。⑪培：培植；培育。⑫撷已而溉：采摘完毕后及时浇水。撷已，采摘完毕。溉，灌溉；浇水。⑬蔬忘其撷：意即种植有方，蔬菜富足，忘了采摘。⑭庖日充而圃不匮：意谓厨房里每天的蔬菜供给都很充足，而菜园里的蔬菜也从不缺乏。庖，指厨房。匮，匮乏；缺乏。⑮今君之有司取诸民不度：如今你手下的官吏向百姓索取毫无节制。有司，官吏。古代设官分职，各有专司，故官吏又称"有司"。不度，犹"无度"，没有节制。⑯其生几何：百姓还能剩下多少呢。指百姓的收入有限，倘若一味地榨取，而不去培植，百姓的生活是很艰难的。几何，多少。

芈叔被黜

楚使芈叔①为尹②，课上最③。楚王大悦，诇④诸朝。孙叔敖⑤仰天大笑，三噫⑥而三顿。楚王不怿⑦，曰："令尹有不足于寡人与？盍教之？而廷耻寡人⑧，窃为令尹不取也。"

孙叔敖对曰："臣之里人⑨有洿池⑩以为利者，吴行人⑪过楚，见其鱼鳖之牣⑫也，谓之曰：'我善渔。'臣之里人喜，为之具罔罟舟楫⑬，资其行，则趋而之其池，曰：'我于是乎渔。'臣之里人蹙然⑭

曰：'吾惟子能取江湖之鱼以益我也^⑮，若是，则吾固有之矣，而焉用子为哉！'今楚国之民莫非王民矣，芈叔之尹申^⑯也，不闻有令政^⑰以来邻国之民^⑱，而多取诸王之固有以最其课，是剜王之股以啖王^⑲也，则王之左右皆能之矣，不惟是夫^⑳也。今王朝^㉑群臣而谇之，群臣不佞^㉒，由是而度^㉓王心，则相率^㉔而慕效之，以为敌国驱^㉕，是社稷之忧也。"

楚王曰："善哉！"乃黜^㉖芈叔，下令国中曰："下邑^㉗之大夫有效芈叔剥吾民以最课者，服上刑^㉘。"楚人大悦，三年而伯^㉙诸侯。

【注释】

①芈(mǐ)叔：作者虚构的人物。②尹：古代官的统称。③课上最：指所征收的赋税最多。课，征收赋税。④谇(shéng)：夸誉；称赞。⑤孙叔敖：姓蔿，字叔敖，春秋时为楚国令尹，自奉极俭，辅佐楚庄王成就霸业。⑥噎(yē)：食物堵住食管，这里指因大笑而喘不过气。⑦怿(yì)：高兴；喜悦。⑧廷耻寡人：在朝廷上羞辱我。廷，名词做状语，在朝廷上。耻，侮辱；羞辱。寡人，国君的谦称。⑨里人：同里的人，即同乡。⑩洿(wū)池：池塘。洿，低洼之地。⑪行人：使者的通称。⑫牣(rèn)：满；盈满。⑬具罛罟(gǔ)舟楫：置办了鱼网及船具。具，准备，置办。罛罟，网的通称。⑭蹙(cù)然：皱起眉头，意即不高兴。⑮吾惟子能取江湖之鱼以益我也：我寻思你能捕获池塘里的鱼，来增加我的收益呢。惟，寻思。益，增加。⑯尹申：在申地做官。申，古地名，春秋时楚地，位于今河南南阳北。⑰令政：好的政绩。令，善，美好。⑱以来邻国之民：以使邻国的百姓前来投奔。来，使动用法，使……来。⑲剜(wān)王之股以啖王：挖大王的大腿肉来给大王吃。剜，挖。股，指大腿。啖王，给大王吃。⑳是夫：此人，这里指芈叔。㉑朝：朝见。㉒不佞：不才；没有才智。㉓度：推测；揣度。㉔相率：相继；接踵而至。㉕为敌国驱：指被敌国役使。引申为"替敌国效劳"。驱，役使。㉖黜：罢黜；罢免。㉗下邑：小地方。这里指楚国各邑。㉘上刑：极刑；重刑。㉙伯：同"霸"。称霸；成为诸侯的

盟主。

养民之道

艾大夫^①曰:"民不可使佚^②也。民佚,则不可使也。故曰:有事以勤之,则易治矣^③。"

郁离子曰:"是术^④也,非先王之道也。先王之使民也,义而公,^⑤时而度,^⑥同其欲,^⑦不隐其情,^⑧故民之从之也,如手足之从心,而奚恃于术乎^⑨!今子之民,知畏而不知慕,知免而不知竞,^⑩而子之所用者,无非掊克^⑪之吏,所行者,无非朝四暮三^⑫之术也。子以为人不知之,而不知人皆知之也。故子以是施诸民,民亦以是应诸子,上下之情交隐矣。子徒见其貌之合,而不知其中之离也,见其外而不察其心者也,故自喜以是为得计,而不思恶劳欲逸,人志所同。是故先王之养民^⑬也,聚其所欲,^⑭而勿施其所恶。今子反之,庸非罔乎^⑮?上罔下则不亲^⑯,下罔上则不孙^⑰。不孙不亲,乱之蕴^⑱也。《诗》云:'彼其之子,邦之司直。'^⑲子为司直,乃不循先王之旧章^⑳,而以罔教仆,实不敢与闻^㉑。"

大夫虽惭,弗能改也。

【注释】

①艾大夫:作者虚构的人物。②佚:通"逸",安逸;安乐。③有事以勤之,则易治矣:指让百姓尽力多做事,就容易治理了。勤,不断地做,尽力多做。④术:方法,权术。⑤义而公:即"施之以义,待之以公"。指先王管理百姓,采取的方法既符合道义,又公平合理。⑥时而度:即适时又适度。指先王管理百姓,不是超负荷地役使百姓。⑦同其欲:指满足百姓的愿望。同,赞同,满足。⑧不隐其情:不隐藏百姓的真实情形,意即正视百姓的实际情况。⑨而奚恃于术乎:哪里是依仗权术来管理百姓

呢？⑩知免而不知竞：只知道逃避而不知道进取。免，逃避。竞，进取。
⑪掊（póu）克：搜括；聚敛。⑫朝四暮三：比喻反复无常或变化多端。⑬
养民：养育百姓。⑭聚其所欲：满足百姓的欲望。⑮庸非罔乎：难道不是
蒙蔽百姓吗？罔，蒙蔽，欺骗。⑯不亲：不信任。亲，相信，信任。⑰孙：
同"逊"。恭顺；谦顺。⑱乱之蕴：社会动乱的根源。蕴，蓄藏，引申为"根
源"。⑲彼其之子，邦之司直：语出《诗经》，赞美的是位正直的郑国官吏，
称赞他身任司直之职，直言敢谏。司直，古官名，职责是直谏君主的过
失。⑳不循先王之旧章：不遵循先王所制定的规章制度。循，沿着，遵
循。旧章，旧时的规章制度。㉑不敢与闻：不愿意听闻。委婉地表达对
别人观点的反对。

民怨在腹

郁离子谓艾大夫曰："子以为以力毒人①而人不言怨者，其畏
威②也乎？怀德③也乎？"大夫曰："亦畏威而已矣。"

郁离子曰："吾始以为夫子莫之知也，而今而后知夫子非莫之
知也。夫子以钩距摘民隐④，罗其财以供⑤公，非得已也⑥。夫子之
心，人知之也。而夫子之所任⑦，则非能以夫子之心为心者也⑧。
是以民免而弗子怀也⑨。《诗》云：'小东大东，杼轴其空。'⑩又曰：
'东人之子，职劳不来；西人之子，粲粲衣服；舟人之子，熊罴是裘；
私人之子，百僚是试。'⑪今兹备矣。而民不言，是怨不在口而在腹
也。《诗》云：'中心藏之，何日忘之！'若药之在碬，未有火以发之
也。夫子而今知之矣，能无虞乎！"

【注释】

①毒人：危害人；祸害人。②畏威：畏惧威势。③怀德：感怀恩德。
④以钩距摘（tī）民隐：指想方设法去揭露老百姓的隐情。钩距，同"钩

据"，本是古代水战用的一种兵器，这里引申为辗转推问以究得实情的一种方法。擿，揭露，揭发。⑤供：供给，进献。⑥非得已也：即不得已。指身不由己。⑦所任：所担任的职务。⑧非能以夫子之心为心者也：不能按照你的本意去做你心中真正想做的事情。指行动与内心不一致，意即身不由己。⑨是以民免而弗子怀也：所以即便百姓被你免除了某些负担，他们也不会感谢你。怀，怀念，感谢。⑩小东大东，杼轴（zhù zhóu）其空：语出《诗经·小雅·大东》。旨在揭露社会不合理。意思是说东方各诸侯国的财物都被周王室搜刮尽了，连织布机上尚未完成的丝线也被抢掠一空。东，指东方的诸侯国，远为"大"，近为"小"。⑪东人之子句：语出《诗经》，意思是说东方各诸侯国的子弟，辛勤劳动却无人慰问。周王室的子弟，无所事事，却穿着鲜艳华丽的衣服。贵族的子弟，穿着黑皮制作的衣裳。即使是贵族家的仆隶，也能拥有各种职权。职，专任。来，慰劳；劝勉。西人，指周人。粲粲，鲜艳华丽的样子。舟人，指畴人，贵族，高高在上的人。黑，一种野兽，似熊而大。私人，小人，类似于私家仆隶。僚，官僚，官职。试，任用。

韩非子为政

韩非子①为政于韩且十年②，韩贵人③死于法者无完家④，于是韩多旷官⑤。

王谓公叔⑥曰："寡人欲用人，而韩之群臣举无足官者⑦，若之何哉？"公叔对曰："王知夫种树乎？臣家国东郊，⑧世业种树。树之材者，松枏栝柏，⑨可以为栋梁，种之必三五十年而后成；其下者为柽柳朴樕⑩，种之则生，不过为薪⑪。故以日计之，则栋梁之利缓，而薪之利速；以岁计之，⑫则薪之利一，而栋梁之利百。臣俱种之，世享其利，是以富甲⑬于韩国。臣邻之婆娑⑭急，慕而思效之。植松栝，不能三年，⑮不待其成而辄伐之以为常⑯，仅足以朝夕食⑰，无余也⑱。今君之用人也，不待其老成，至于不克负荷而辄以法戕

101

之，⑲栋梁之材竭矣。一朝而屋坏，臣恐束薪不足以支之也。⑳"

【注释】

①韩非子：战国末期韩国贵族，著名思想家、哲学家，法家学派的代表人物。②且十年：将近十年。且，副词，几近；将近。③贵人：有身份之人，这里指贵族王公。④无完家：家庭没有一个是完好的。指韩国因推行刑法，贵族几乎每家都有犯法致死的。⑤旷官：空缺的职位，无人可用。⑥公叔：韩国的宰相。⑦举无足官者：指全都不足以胜任其官职。⑧臣家国东郊：我家住在都城的东郊。国，国都；都城。⑨松柟(nán)栝(guā)柏：四种树木名，均为良材，可用于建筑或制器。柟，同"楠"，常绿乔木。栝，即"桧"，一种乔木，叶似柏，干似松。⑩柽(chēng)柳朴樕(sù)：指毫无重要用处的树木。⑪不过为薪：顶多当作柴火。⑫以岁计之：按年计算。连后两句意谓若从长计议，种植楠、桧、松、柏等树木的利润要比种植柳树、朴樕强过百倍。⑬甲：第一；居于首位。⑭窭(jù)叟：贫穷的老头。窭，贫穷得无法置办礼物。泛指贫穷。⑮不能(nài)三年：指耐不住三年。即还不到三年。能，通"耐"。受得住，经得起。⑯常：常态；习以为常。⑰仅足以朝夕食：指砍树所得仅能够早晚吃饭。⑱无余也：没有剩余。⑲至于不克负荷而辄以法戕之：以至于他们还不能胜任其职时，就用刑法将其残害。不克，不能。负荷，承担；担任。戕，残害；杀害。⑳一朝而屋坏，臣恐束薪不足以支之也：有朝一日，房屋毁坏了，恐怕束薪为梁是难以支撑的。

力与智

郁离子曰：虎之力于人，不啻倍①也；虎利其爪牙，而人无之，又倍其力焉，则人之食于虎②也，无怪矣。然虎之食人不恒见，而虎之皮，人常寝处之，何哉？虎用力，人用智；虎自用其爪牙，而人用物③。故力之用一，而智之用百；爪牙之用各一，而物之用百。以一敌百，虽猛不必胜④。故人之为虎食者，有智与物而不能用者也。是故天下之用力而不用智，与自用⑤而不用人者，皆虎之类也，其为人获而寝处其皮也，何足怪哉⑥！

【注释】

①不啻（chì）倍：表比况，指老虎的力量比起人来，远不止超过一倍。啻，仅，止。②食于虎：（人）被老虎吃掉。③人用物：人类知道利用各种器物作为武器。④不必胜：不一定能够取胜。⑤自用：只依靠自己。⑥其为人获而寝处其皮也，何足怪哉：指那些只用力不用智、只知依靠自己却不懂得凭仗别人的人，像老虎那样被人捕捉及皮被人睡坐，有什么值得大惊小怪的呀！

天地之盗第八

省敌第九

省　敌

郁离子曰：善战者省敌，不善战者益敌。[①]省敌者昌，益敌者亡。夫欲取人之国，则彼国之人皆我敌也，故善省敌者，不使人我敌[②]。汤武之所以无敌者，以我之敌敌敌也。[③]惟天下至仁，为能以我之敌敌敌，是故敌不敌而天下服[④]。

【注释】

①善战者省敌，不善战者益敌：善于打仗的人，能使敌人越来越少；不善于打仗的人，则使敌人越来越多。省敌，使敌人减少。省，消减，减少。②善省敌者，不使人我敌：通晓"省敌"道理的人，能够不使敌国民众以我方为敌。③汤武之所以无敌者，以我之敌敌敌也：汤王、武王之所以天下无敌，就是善于使他们的敌人转化为对付其他敌人的力量。敌敌敌，指使敌人抵御敌人。前后二"敌"是名词，指敌人，中间一"敌"是动词，抵御。④是故敌不敌而天下服：因此一旦敌人受到感召，不予抵抗，那么天下就太平了。服，服从，归顺。这里引申为"无事"、"太平"。

辞祸有道

郁离子曰：水赴壑，鸟赴林，蝇赴臭，不驱而自至者也，而奚以召之哉[①]？利者，众之所逐；名者，众之所争；而德者，众之所归也。

是皆足以聚天下者也②。故聚天下者,其犹的乎?③

夫的也者,众矢之所射,众志之所集也。尧舜以仁义为的,而天下之善聚焉。收天下之所争逐者,为之均之,不使其争逐也。④及其至也,⑤九州来同,⑥四夷乡风,⑦穆穆⑧雍雍⑨,以入于其的之中。桀纣以淫欲为的,而天下之不善聚焉。收天下之所争逐者,私诸其人⑩。及其穷也,⑪诸侯百姓相与⑫操弓注矢⑬,的其躬而射之⑭。

是故不能仁义而为天下的者,祸也。故秦之未帝也,天下莫强焉⑮。及其吞六国而一⑯,位号不过再世,⑰匹夫呼而与之争,天下并起和之,莫不以秦为辞⑱者,的所在也。陈涉⑲先起而先亡,以其先自王,以为秦兵之的也。故曰:不为事先,动而辄随者,不为的而已矣。⑳昔者秦攻韩上党㉑,上党之守冯亭㉒以上党归㉓于赵,赵人受之。是以有长平㉔之败,赵国几㉕亡。夫秦之所欲取者,上党也。兵之所加,不选其韩与赵也,惟上党之所在耳。㉖介山㉗之草木,何罪而焚乎?子推㉘之所在也。是故辞祸㉙有道,辞其的而已矣㉚。

【注释】

①奚以召之哉:是什么东西把它们招引来的呢?②是皆足以聚天下者也:这些都足以把天下人聚集在一起。是,指示代词,此;这些。即前文所提及的利、名、德。③故聚天下者,其犹的(dì)乎:所以说能把天下人聚集在一起的名、利、德,就如同箭靶的中心一样。的,箭靶的中心,喻指目标。④收天下之所争逐者,为之均之,不使其争逐也:收拢天下人所争逐的名位和利益,然后替天下人将它们平均分配,不使天下人再为之去拼死争逐。⑤及其至也:等那个时候到来后。指尧、虞统治天下时。⑥九州来同:天下人都来聚集。⑦四夷乡风:四方的少数民族闻风仰慕。⑧穆穆:指端庄恭敬的样子。⑨雍雍:和乐谐美的样子。⑩私诸其人:指桀、纣把天下人所争逐的名位和利益擅自私分给少数权贵。意即桀、纣没能向尧、舜那样做到天下为公。⑪及其穷也:桀、纣的恶行到达穷途末

路时。⑫相与：一起；共同。⑬注矢：把箭搭在弓上。⑭的其躬而射之：瞄准箭靶中心处的上下幅，然后射出弓箭。躬，指箭靶的上下幅。⑮天下莫强焉：天下没有任何国家比它更强大的了。⑯一：统一。⑰位号不过再世：指皇位传了不过两代，国家就灭亡了。位号，国号、皇位。再世，二世，两代。⑱辞：口实；借口。这里指起兵的缘由。⑲陈涉：即陈胜，字涉。秦朝末年农民起义领袖，曾在陈郡称王，建立张楚政权，后兵败，被其御者庄贾所杀。⑳不为事先，动而辄随者，不为的而已矣：做事不强出头，待到别人行动后再追随，就是为了不当众矢而射的目标罢了。㉑上党：古郡名。㉒冯亭：战国时期韩国人，曾任上党郡守。㉓归：归附；归属。㉔长平：古城名，战国时属赵地，故址位于今山西高平西北。㉕几：几近；将近。㉖兵之所加，不选其韩与赵也，惟上党之所在耳：秦国所要出兵攻占的只是上党这个地方，并非选择是韩国还是赵国。㉗介山：山名，在今山西省介休市东南。因春秋时期的介之推隐居于此，故名。㉘子推：即介之推，春秋晋国人。曾随晋公子重耳流亡国外。重耳还国为君，赏赐介子推，他不愿接受，并与其母隐藏于山中不肯出见，重耳不得已而焚山，最终介子推被烧死。㉙辞祸：避祸。㉚辞其的而已矣：不要做箭靶的中心就是了。

秦恶楚善齐

秦恶楚而善于齐，①王翦②帅师伐楚。

田瑴③谓齐王曰："盍救诸？"④齐王曰："秦王与吾交善而救楚，是绝秦也。"邹克⑤曰："楚非秦敌也，必亡，不如起师以助秦，犹可以为德⑥，而固其交⑦。"

田瑴曰："不然。秦，虎狼也。天下之强国六，秦已取其四，所存者齐与楚耳。譬如摘果，先近而后远，其所未取者，力未至也，其能终留之乎？今秦岂诚恶楚而爱齐也？齐、楚若合，犹足以敌秦。以地言之，则楚近而齐远，远交而近攻，秦之宿计⑧也。故将伐楚，先善齐,以绝其援,然后专其力于楚。楚亡,齐其能独存乎?谚有之曰:攒⑨矢而折之,不若分而折之之易也。此秦之已效计⑩也。楚国朝亡,齐必夕亡。"

秦果灭楚,而遂伐齐,灭之。

【注释】

①秦恶楚而善于齐:秦国憎恶楚国而与齐国交好。②王翦:战国末秦国人,著名将领,曾统率秦军先后攻破赵国、燕国和楚国。后封武城侯。③田璆(qiú):作者虚构的人物。④盍救诸:为什么不去援救楚国呢?⑤邹克:作者虚构的人物。⑥德:恩德。这里指帮助秦国进攻楚国,可谓是对秦国施以恩德。⑦固其交:巩固与秦国的友好关系。⑧宿计:一向的计策。宿,平素;向来。⑨攒:聚集;簇聚。⑩已效计:已经行之有效的计谋。

九头鸟①

尊摇之虚,②有鸟焉,一身而九头。得食则八头皆争,呀然而相衔③。洒血飞毛,食不得入咽,而九头皆伤。海凫④观而笑之曰:"而胡不思,⑤九口之食同归于一腹乎?而奚其争也?⑥"

【注释】

①以下《九头鸟》、《晋平公作琴》、《无支祈与河伯斗》、《常羊学射》四则,原作为一篇,现将其一分为四。②尊摇之虚:尊摇之丘。虚,同"墟"。山;大丘。③呀然而相衔:张口相互争夺食物。呀然,张口的样子。相衔,指相互争夺食物。④海凫:即野鸭,一种海鸟。⑤而胡不思:你们怎么不想一想。而,第二人称代词,你们。胡,为什么;怎么。⑥奚其争也:有什么值得争的呢?

晋平公作琴

晋平公①作琴,大弦与小弦同②。使师旷调之,③终日而不能成声④。公怪⑤之。师旷曰:"夫琴,大弦为君,小弦为臣。大小异能⑥,合而成声。无相夺伦,⑦阴阳乃和⑧。今君同之,失其统⑨矣。夫岂瞽师⑩所能调哉!"

【注释】

①晋平公:春秋时晋国国君,晋悼公之子,公元前557—前532年在位。②大弦与小弦同:大小琴弦都一样粗细。弦,乐器上的丝线,挑拨可以发音。③使师旷调之:让师旷调琴。师旷,字子野。春秋时晋国人,著名乐师。目盲,善弹琴、辨音。调,调音。调整各弦的声音调,使之和谐。④不能成声:指调不出美妙的声音。⑤怪:埋怨,责怪。⑥异能:功能不同。⑦无相夺伦:不能相互失去条理。指琴弦应有粗细之分,各司其职,功能各异。夺伦,指越位。伦,顺序,条理。⑧阴阳乃和:指高音与低音才能和谐动听。阴阳,指高音与低音。和,和谐美妙。⑨统:体统。这里指调制琴弦的规则。⑩瞽师:乐师。因古时乐师多以盲人充任,故乐师又称瞽师。

无支祈与河伯斗

无支祈①与河伯②斗,以天吴③为元帅,相抑氏④副之。江疑⑤乘云,列缺⑥御雷,泰逢⑦起风,萍号⑧行雨。蛟、鼍⑨、鳄、鲮⑩,激波涛而前驱者,三百朋⑪。遂北至于碣石⑫,东及吕梁⑬。

河伯大骇,欲走。灵姑胥⑭止之,曰:"不如且战,不捷而走未晚也。"乃谋元帅⑮,灵姑胥曰:"颙顽⑯可。"河伯曰:"天吴八首八足,而相抑氏九头,实⑰佐之;雷风雨云之神,各专其能,⑱以卫中坚⑲;蛟、鼍、鳄、鲮,莫不尾剑口凿,鳞锋鬣锷,⑳掉首摧山,㉑捷鬐倒渊,㉒而岂赑屃所敢当哉?"灵姑胥曰:"此臣之所以举赑屃也。夫将,以一身统三军㉓者也。三军之耳目,齐㉔于一人,故耳齐则聪,目齐则明,心齐则一。万夫一力,天下无敌。今天吴之头八,而副之者又九其头。臣闻:人心之神,聚于耳目。目多则视惑,耳多则听惑。今以二将之心而御㉕其耳目六十有八,则已不能无惑矣。加以云雷风雨之师,各负其能,而毕欲逞焉㉖,其孰能一之?㉗故惟赑屃为足以当之。赑屃之冥冥㉘,不可以智诱威胁而谋激也,㉙而其志有必至,破之必矣。"

乃使赑屃帅九夔㉚以伐之,大捷。故曰:众志之多疑,不如一心之独决也。

【注释】

①无支祈:又作巫之祈,传说是淮水的水神。②河伯:传说是黄河的水神。③天吴:传说中的水神。④相抑氏:又作相柳氏,古代神话传说中的共工之臣,有九首。⑤江疑:传说中的云神。⑥列缺:闪电,这里指雷神。⑦泰逢:神名。这里指风神。⑧萍(píng)号:传说中的雨师。⑨鼍(tuó):动物名,即扬子鳄,俗名"猪婆龙"。⑩鲮:即鲮鱼。传说是人面人手鱼身的大鱼。⑪朋:群;众人。⑫碣石:山名,在今河北省昌黎北。⑬吕梁:山名,在今山西省西部。⑭灵姑胥:传说中的神名。疑是姑胥山山神。姑胥山,即姑苏山,位于苏州市西南。⑮谋元帅:筹划元帅人选。⑯赑屃(bì xì):一种大龟。性好负重,相传它是龙所生的儿子之一。⑰实:句首语气词,用以加强语意。⑱各专其能:各自具有独特的才能。⑲中坚:指军队中最重要最坚强的部分。坚,强劲;坚强。⑳鳞锋鬣(liè)锷(è):意谓鱼鳞鱼鳍如锋刃般锐利。鬣,鬃毛。这里指鱼鳍。锷,指剑刃。㉑掉首摧山:摇动脑袋就能将高山摧毁。掉,摆动,摇动。㉒捷(qián)鬐(qí)倒渊:耸起背脊就能将深渊倒翻。捷,翘起,举起。鬐,即鱼脊鳍。㉓

三军：周制，诸侯大国三军，即上军、中军、下军。㉔齐：集中。㉕御：支配；驾驭。㉖毕欲逞焉：全都想要逞能。毕，副词，全部。㉗其孰能一之：谁又能将它们统一起来呢？㉘冥冥：专默精诚。㉙不可以智诱威胁而谋激也：不可用智慧诱骗、武力威胁，而应用阴谋刺激起它。㉚夔：传说中的一种怪兽，形似牛，无角一足。

常羊学射

常羊学射于屠龙子朱。①屠龙子朱曰："若欲闻射道乎？楚王田于云梦，②使虞人③起禽④而射之。禽发，⑤鹿出于王左，麋交⑥于王右。王引弓欲射，有鹄拂王旃而过，⑦翼若垂云。王注矢⑧于弓，不知其所射。养叔⑨进曰：'臣之射也，置一叶于百步之外而射之，十发而十中。如使置十叶焉，则中不中，非臣所能必矣⑩。'"

【注释】

①常羊学射于屠龙子朱：常羊向屠龙子朱学习射箭。常羊、屠龙子朱，均为作者虚构的人物。②楚王田于云梦：楚王在云梦泽狩猎。田，狩猎。云梦，即云梦泽，古泽薮名。③虞人：古官名，主管山泽苑囿。④起禽："使禽起"，指把禽兽从隐蔽处轰赶出来。⑤禽发：指鸟兽从隐蔽处跑出来。⑥交：交错；错杂。⑦有鹄拂王旃(zhān)而过：有天鹅从大王的赤色的曲柄旗掠过。鹄，即天鹅。拂，掠过。旃，指赤色的曲柄旗。⑧注矢：指把箭搭在弓上。⑨养叔：即养由基，春秋时楚国大夫，著名射箭手，相传百发百中，且能百步穿杨。⑩则中不中，非臣所能必矣：那么能否射中，就不是我所能把握的了。必，断定；肯定。

一其心

郁离子曰：多能者鲜精，多虑者鲜决。故志不一则庬①，庬则散,散则溃,溃溃然罔知其所定②。是故明生于一。③禽鸟之无知,而能知人之所不知者,一也。人为物之灵,而多欲以昏之④,反⑤禽鸟之不如,养其枝而枯其根者也。呜呼!人能一其心⑥,何不如之有哉!

【注释】

①厖(máng):杂乱;纷乱。②溃溃然罔知其所定:头脑昏乱就不知道该如何做出决定。溃溃然,昏乱的样子。罔,不。罔知,不知。③是故明生于一:所以说明断来自用心专一。明,明朗,不糊涂。一,专一。④昏之:"使之昏",指使之糊涂。⑤反:反而;却。⑥一其心:心志专一,一心一意。

虞孚第十

虞 孚

虞孚问治生于计然先生，①得种漆之术。三年树成而割之，得漆数百斛②，将载而鬻③诸吴。其妻之兄谓之曰："吾常于吴商④，知吴人尚饰⑤，多漆工，漆于吴为上货⑥。吾见卖漆者煮漆叶之膏以和⑦漆，其利倍，而人弗知也。"虞孚闻之喜，如其言，取漆叶煮为膏，亦数百瓮，与其漆俱载，以入于吴。

时吴与越恶⑧，越贾不通，⑨吴人方艰漆⑩。吴侩⑪闻有漆，喜而逆⑫诸郊，道⑬以入吴国，劳而舍诸私馆⑭。视其漆甚良也，约旦夕⑮以金币来取漆。虞孚大喜，夜取漆叶之膏和其漆以俟⑯。及期，吴侩至，视漆之封识⑰新，疑之。谓虞孚，请改约，期二十日⑱。至则其漆皆败⑲矣。虞孚不能归，遂丐而死于吴。

【注释】

①虞孚问治生于计然先生：虞孚向计然先生询问谋生致富之道。虞孚，作者虚构的人物。治生，谋生致富之道。计然先生，本姓辛，名研，春秋时葵丘濮上人，因善计算而又精于经济，故号曰计然，在越国做官时，范蠡曾向其求教。②斛（hú）：古代容量单位，原一斛为十斗，南宋以后一斛为五斗。③鬻：卖。④商：经商；做生意。⑤尚饰：崇尚装饰。这里指吴国人喜欢用漆刷饰器具。尚，崇尚。⑥上货：上等货，指畅销的商品。⑦和（huò）：掺和；混合。⑧吴与越恶：指吴国与越国正在交恶。⑨越贾

不通：越国的商人无法进入吴国。⑩艰漆：指很难得到漆。艰，艰难。⑪
侩（kuài）：牙侩，古代买卖的中间人。⑫逆：迎接。⑬道：通"导"，导引；
引路。⑭劳而舍诸私馆：热情地接待后，将其安置在私人客栈里休息。
劳，慰劳，款待。舍，名词用作动词，安排住宿。⑮旦夕：早晚，比喻时间
短。⑯俟：等待。⑰封识（zhì）：指封口的标记。⑱期二十日：取货的期限
改为二十天后。⑲败：毁坏；败坏。这里指漆腐烂了。

知一不知二

　　若石隐于冥山之阴，①有虎恒蹲，以窥其藩②。若石帅其人昼
夜警③，日出而殷钲④，日入而燎辉⑤，宵则振铎⑥以望，植棘树墉⑦，
坎山谷⑧以守。卒岁⑨，虎不能有获。

　　一日而虎死，若石大喜，自以为虎死，无毒⑩己者矣。于是弛其
机⑪，撤其备，垣坏而不修，藩决⑫而不理。无何，⑬有貙⑭逐麋⑮来，
止其室之隈⑯，闻其牛羊豕之声而入食焉。若石不知其为貙也，叱
之，不走；投之以块⑰，貙人立⑱而爪之，毙。

　　君子谓若石知一而不知二，宜其及也。

【注释】

　　①若石隐于冥山之阴：若石在冥山的北面隐居。若石，作者虚构的
人物。冥山，山名，又名石城山，旧址位于今河南信阳东南。阴，山的背
面为阴。②藩：篱笆墙。③警：警备；警戒。④殷钲（zhēng）：敲击钲锣。
殷，震动。这里指敲击。钲，一种打击乐器，铜制，形似钟。⑤燎（liáo）
辉：点燃火堆。⑥振铎（duó）：摇动铃铛。铎，一种乐器，即大铃。⑦树
墉：堆砌高墙。树，树立，引申为"堆砌"。墉，墙。⑧坎山谷：在山谷挖陷
阱。⑨卒岁：一年终了。卒，结束；终了。⑩毒：这里用作动词，伤害、威
胁之意。⑪弛其机：指拆除了捕兽工具。弛，松弛，这里指拆除。机，机
关，这里指装有机关的捕兽工具。⑫决：决口。⑬无何：没多久，过了不

虞孚第十

久。⑭貙(chū):动物名,狼科,性凶恶。⑮麋:动物名,毛淡褐色,雄的有角,角像鹿,尾像驴,蹄像牛,颈像骆驼。俗称四不像。⑯隈(wēi):角落。⑰块:块状物,指土块或石头之类。⑱人立:像人一样站立起来。

狸 贪

郁离子居山,夜有狸①取其鸡,追之,弗及。明日,从者攫其入之所以鸡,②狸来而縶③焉。身缧④而口足犹在鸡,且掠且夺之,至死弗肯舍也。

郁离子叹曰:"人之死货利者,⑤其亦犹是也夫! 宋人有为邑而以赂致讼者⑥,士师鞫之,⑦隐弗承⑧;掠⑨焉,隐如故。吏谓之曰:'承则罪有数,不承则掠死,胡不择其轻?'终弗承以死。且死,呼其子私之曰:'善保若货,是吾以死易之者。'人皆笑之,则亦与狸奚异焉。"

【注释】

①狸:狸子,又叫狸猫、山猫,状似猫,性凶猛,以鸟、鼠等小动物为食,常盗食家禽。②从者攫(huò)其入之所以鸡:随从在狸猫进入的地方用鸡做诱饵,放置了捕兽工具。攫,装有机关的捕兽工具。这里用作动词。③縶:拴缚;拘禁。这里指被关进木笼。④缧(léi):拘禁;捆绑。⑤人之死货利者:为了钱财利禄而死的人。⑥以赂致讼者:因财物而招致官司的人。赂,泛指财物。讼,诉讼;控告。⑦士师鞫(jū)之:狱官审问他。士师,古官名,执掌禁令刑狱。鞫,审问;审讯。⑧隐弗承:不肯招供,隐瞒事实。⑨掠:拷问;拷打。

蹶叔三悔

蹶叔①好自信,而喜违人言。田于龟阴,②取其原③为稻,而隰为梁④。其友谓之曰："梁喜亢⑤，稻喜隰，而子反之，失其性矣，其何以能获！"弗听。积十稔⑥而仓无储。乃视于其友之田，莫不如所言以获。乃拜曰："予知悔矣。"

既而商于汶上。⑦必相货之急于时者趋之⑧，无所往而不与人争。比得⑨，而趋者毕至⑩，辄不获市⑪。其友又谓之曰："善贾者，收人所不争，时来利必倍，此白圭⑫之所以富也。"弗听。又十年而大困，复思其言而拜曰："予今而后不敢不悔矣。"

他日，以舶⑬入于海，要其友与偕，⑭则泛滥⑮而东，临于巨渊，其友曰："是归塘⑯也，往且不可复。"又弗听，则入于大壑⑰之中。九年得化鲲之涛⑱，嘘⑲之以还。比还，而发尽白，形如枯腊⑳，人无识之者。乃再拜稽首㉑，以谢其友，仰天而矢㉒之曰："予所弗悔者，有如日㉓！"其友笑曰："悔则悔矣，夫何及乎㉔？"

人谓蹶叔三悔以没齿㉕，不如不悔之无忧也。

【注释】

①蹶(jué)叔：作者虚构的人物。取其固执倔强之意。②田于龟阴：指在龟山的北面耕种。田，名词用作动词，耕田，耕种。龟阴，龟山的北面。龟山，在今山东泗水东北部。阴，山的背面谓之阴。③原：宽广而平坦的旱地。④隰为梁：在低湿的地上种植高粱。隰，低湿的土地。梁，植物名，高粱。性抗旱。⑤亢：干旱。⑥积十稔(rěn)：种植了十年。稔，庄稼成熟为稔，引申为年。⑦既而商于汶上：过了不久，又到汶水一带经商。既而，过了不久。汶上，古县名。今在山东省西南，因临汶水而得名。⑧相货之急于时者趋之：指看到市场上哪种货物畅销就赶快去收购哪种货物。⑨比得：等到把货物弄到手。⑩趋者毕至：收购畅销货物的商人也全都赶来了。⑪不获市：没有市场，意即东西卖不出去。⑫白圭：战国时魏人，善经营，曾用其经商理念使魏国大富。⑬舶：泛指航海的大船。⑭要其友与偕：邀请友人与他一同前往。要，通"邀"，邀请；约请。偕，偕同，一同前往。⑮泛滥：浮游在水上，这里指顺水漂流。⑯归塘：又

作"归墟"。即众水汇聚之处。传说为海中无底之谷,尤为危险。⑰大壑:大深海。这里指大海最深处。⑱化鲲之涛:北冥之鲲化作大鹏时所激起的波涛。这里指波涛汹涌。⑲嘘:吐气。这里指大海波涛将蹶叔推回海岸。⑳枯腊(xī):形容身体虚弱。枯,干柴。腊,干肉。㉑稽首:古代一种跪拜礼,即叩头。㉒矢:通"誓",起誓;发誓。㉓有如日:让太阳做证。古人发誓时惯用的套语。㉔何及乎:还来得及吗? 及,追上,赶上。㉕没齿:终身。

齐人好诟

　　齐人有好诟食者①,每食必诟其仆,至坏器、投匕箸②,无空日。馆人③厌之,忍弗言。将行,赠之以狗,曰:"是能逐禽,不腆④以赠子。"行二十里而食,食而召狗与之食。狗嗥⑤而后食,且食而且嗥。主人诟于上,而狗嗥于下,每食必如之。一日,其仆失笑,然后觉。

　　郁离子曰:"夫人必自侮而后人侮之。"又曰:"饮食之人,则人贱之⑥,斯人之谓矣⑦。"

【注释】

　　①好诟食者:吃饭时爱发脾气的人。②投匕箸:将勺子、筷子等投掷在地。匕箸,即勺子和筷子。二者均为吃饭时的取食工具。③馆人:古称管理馆舍、招待宾客的人,这里指宾馆的服务员。④不腆:谦辞,不丰厚,区区薄礼。⑤嗥:吼叫;狂吼。⑥人贱之:指被人瞧不起。⑦斯人之谓矣:说的就是这种人吧。

好　贿

　　黔中仕于齐,①以好贿黜而困,②谓豢龙先生③曰:"小人今而痛惩于贿矣，惟先生怜而进之。”又黜。

豢龙先生曰：“昔者玄石[4]好酒，为酒困，[5]五藏熏灼，肌骨蒸煮如裂，百药不能救，三日而后释，谓其人[6]曰：‘吾今而后知酒可以丧人也，吾不敢复饮矣。’居不能阅月[7]，同饮至曰：‘试尝之。’始而三爵[8]止，明日而五之，又明日十之，又明日而大釂[9]，忘其故，死矣。故猫不能无食鱼，鸡不能无食虫，犬不能无食臭。性之所耽[10]，不能绝也。”

【注释】

①黔中仕于齐：黔中在齐国做官。黔中，作者虚构的人物。仕，做官；任职。②以好贿黜而困：因喜欢收受贿赂被免职，从而处境困难。黜，罢黜，免职。③豢龙先生：作者虚构的人物。④玄石：即刘玄石。以嗜酒而著称。⑤为酒困：指因沉湎于酒而痛苦不堪。⑥其人：他人；别人。⑦阅月：过了一月。阅，经过；经历。⑧爵：古代饮酒所用的一种器具。⑨釂(jiào)：将杯中酒喝完。⑩耽：沉溺；爱好。

见利不见害

句章之野人翳其藩以草，[1]闻喈喈[2]之声，发之而得雉[3]。则又翳之，冀[4]其重获也。明日，往聆[5]焉，喈喈之声如初，发之而得蛇，伤其手以毙。

郁离子曰：“是事之小，而可以为大戒者也。天下有非望[6]之福，亦有非望之祸。小人不知祸福之相倚伏[7]也，则侥幸以为常。是故失意之事，恒生于其所得意，惟其见利而不见害，知存而不知亡也。”

【注释】

①句章之野人翳其藩以草:句章有位农夫用杂草把藩篱遮蔽。句章,古县名,故址位于今浙江省慈溪市西南。野人,乡野之人,即农夫。翳,掩盖;遮蔽。②嗜嗜(jí):象声词,鸟鸣声。③发之而得雉:掀开杂草,捕捉到一只野鸡。发,掀开;揭开。雉,泛指野鸡。④冀:期盼;希望。⑤聆:闻;听。⑥非望:不是本来所希望的,意即意料之外。⑦倚伏:出自《老子》:"祸兮福之所倚,福兮祸之所伏。"意思是说祸福相因,互相依存,互相转化。

识　宝

犁冥①之梁父之山②,得玛瑙③焉,以为美玉而售之。人曰:"是玛瑙也,石之似玉者也。若以玉价售,徒贻人笑,④且卒不克售⑤,胡不实之?⑥虽不足尔欲,售矣。"弗信。则抱而入海,将之燕,适海有怪涛,舟师大怖,遍索于舟之人,曰:"是必舟有宝,而龙欲之耳。有,则亟献之无惜,惜,胥没矣⑦。"犁冥拊膺⑧而哭,问其故,曰:"予实有重宝,今将献之,不能不悲耳。"索而视之,玛瑙也。舟师哑然,忘其怖而笑曰:"龙宫无子⑨,不能识此宝也。"

【注释】

①犁冥:作者虚构的人物。②梁父之山:山名,在泰山下。③玛瑙:矿物名。一种玉石。颜色漂亮,种类颇多,多用以制器皿及装饰品。④徒贻人笑:白白地为人耻笑。徒,副词,徒然;白白地。贻,致使;遗留。⑤不克售:卖不出去。克,成功。⑥胡不实之:为什么不按照它的实际价值来出售呢?⑦惜,胥没矣:如果舍不得献出宝物,整个船都将沉没。惜,吝惜;舍不得。胥,皆;齐。⑧拊(fǔ)膺:拍打胸口。膺,胸。⑨无子:没有你。

吴王吝赏

　　姑苏之城^①围,吴王使太宰伯嚭发民以战^②。民诟曰:"王日饮而不虞寇,^③使我至于此,乃弗自省,而驱予战。战而死,父母妻子^④皆无所托;幸而胜敌,又不云予功,其奚以战?"太宰嚭以告王,请行赏,王吝不发^⑤;请许以大夫之秩^⑥,王顾有难色^⑦。王孙雄^⑧曰:"姑许之,寇退,与不与在我。"王乃使太宰嚭布令。或曰:"王好诈^⑨,必诳^⑩我。"国人^⑪亦曰:"姑许之,寇至,战不战在我。"于是王乘城^⑫。鸱夷子皮^⑬虎跃而鼓之^⑭,薄诸阊阖之门^⑮。吴人不战。太宰嚭豁帅左右扶王以登台,请成^⑯,弗许。王伏剑^⑰,泰伯之国^⑱遂亡。

【注释】

　　①姑苏之城:古城名,即今江苏省苏州市。②吴王使太宰伯嚭发民以战:吴王让太宰伯嚭发动百姓参战。③王日饮而不虞寇:大王每天饮酒取乐,却不防备敌寇。虞,防备;戒备。④妻子:指妻子儿女。⑤王吝不发:吴王吝啬,不愿行赏。⑥大夫之秩:大夫的俸禄。秩,俸禄。⑦难色:为难的样子。⑧王孙雄:吴国大夫。王孙,复姓。⑨诈:欺诈;欺骗。⑩诳(kuáng):欺骗;惑乱。⑪国人:国都之人。⑫乘城:登上城墙。乘,登;升。⑬鸱夷子皮:即范蠡。越国大夫,隐退后改名为鸱夷子皮。⑭虎跃而鼓之:如同猛虎般跳跃着击鼓指挥。⑮薄诸阊阖之门:逼近城门。薄,逼近;迫近。阊阖,传说中的天门,古人的城门名常以此命名。这里指姑苏西门,又称"破楚门"。⑯成:和;媾和。⑰伏剑:用剑自杀。⑱泰伯之国:即吴国。

天道第十一

天　道

　　盗子①问于郁离子曰：“天道②好善而恶恶③，然乎④？”曰：“然。”曰：“然则天下之生，善者宜多，而恶者宜少矣。今天下之飞者，乌鸢⑤多而凤凰少，岂凤凰恶而乌鸢善乎？天下之走者，豺狼多而麒麟少，岂麒麟恶而豺狼善乎？天下之植者，荆棘多而稻粱少，岂稻粱恶而荆棘善乎？天下之火食而竖立者⑥，奸宄⑦多而仁义少，岂仁义恶而奸宄善乎？将⑧人之所谓恶者，天以为善乎？人之所谓善者，天以为恶乎？抑天不能制物之命，⑨而听从其自善恶乎？将善者可欺，恶者可畏，而天亦有所吐茹⑩乎？自古至今，乱日常多，而治日⑪常少；君子与小人争，则小人之胜常多，而君子之胜常少，何天道之好善恶恶而若是戾⑫乎？”郁离子不对。

　　盗子退谓其徒曰：“甚矣，君子之私⑬于天也！而今也，辞穷于予矣。”

【注释】

　　①盗子：作者虚构的人物。②天道：天意，天理。③恶（wù）恶（è）：厌恶不好的。④然乎：是这样吗？然，这样。⑤乌鸢（yuān）：即乌鸦。古人认为是一种不祥之鸟。⑥火食而竖立者：指人类。火食，即火烧东西吃。竖立，指直立行走。世上万物，只有人类是火食而竖立。⑦奸宄（guǐ）：指邪恶狡诈、盗窃作乱之人。⑧将：介词，还是；抑或。⑨抑天不

能制物之命：或者上天不能掌控自然万物的命运。抑，介词，还是；或者。制，掌控；控制。物，自然万物。⑩吐茹："吐刚茹柔"的简称。比喻欺软怕硬。⑪治日：太平盛世。与"乱日"相对。⑫戾(lì)：违背；乖张。⑬私：偏袒；不公平。

夺物自用

郁离子曰：蚕吐丝而为茧，以自卫也，卒以烹其身；而其所以贾祸者，乃其所自作以自卫之物也。①蚕亦愚矣哉！蚕不能自育，而托于人以育也。托人以育其生，则竭其力，戕②其身，以为人用也弗过③。人夺物之所自卫者为己用，又戕其生而弗恤④，甚矣！而曰天生物以养人，人何厚⑤，物何薄也！人能财成⑥天地之道，辅相天地之宜，⑦以育天下之物，则其夺诸物以自用也，亦弗过；不能财成天地之道，辅相天地之宜，蚩蚩⑧焉与物同行，而曰天地之生物以养我也，则其获罪于天地也大矣！"

【注释】

①而其所以贾(gǔ)祸者，其所自作以自卫之物也：然而蚕招致祸端的原因，竟然是它自己制作的并用以自卫的丝茧。贾祸，招致祸端。②戕：残害；杀害。③以为人用也弗过：它们(指蚕)认为被人类怎么利用都不过分。④弗恤：不怜悯；不体恤。⑤厚：与"薄"相对，"重要"之意。⑥财成：谋划而成就。财，通"裁"，裁成，谋划。⑦辅相天地之宜：辅助天地以使之处于自然和谐的状态。辅相，辅助。宜，适宜。文中有"自然和谐"之意。⑧蚩蚩：敦厚。

东陵侯问卜

东陵侯既废，①过司马季主而卜焉②。

季主曰:"君侯何卜也?"东陵侯曰:"久卧者思起,久蛰③者思启,久懑④者思嚏⑤。吾闻之:畜极则泄,闷极则达,热极则风,雍极则通。⑥一冬一春,靡⑦屈不伸;一起一伏,无往不复。仆窃有疑,⑧愿受教焉。"季主曰:"若是,则君侯已喻之矣,又何卜为?"东陵侯曰:"仆未究其奥也,愿先生卒教之。"

季主乃言曰:"呜呼!天道何亲?惟德之亲;鬼神何灵?因人而灵。夫蓍⑨,枯草也;龟,枯骨也。物也。人灵于物者也,何不自听而听于物乎?且君侯何不思昔者也?有昔者,必有今日。是故碎瓦颓垣⑩,昔日之歌楼舞馆也;荒榛断梗,昔日之琼蕤⑪也;露蚕风蝉,昔日之凤笙龙笛也;鬼磷萤火,昔日之金钉华烛⑫也;秋荼春荠,⑬昔日之象白驼峰⑭也;丹枫白荻,昔日之蜀锦⑮齐纨⑯也。昔日之所无,今日有之,不为过;昔日之所有,今日无之,不为不足。是故一昼一夜,华⑰开者谢;一秋一春,物故者新。激湍之下,必有深潭;高丘之下,必有浚谷⑱。君侯亦知之矣,何以卜为!"

【注释】

①东陵侯既废:东陵侯被废除爵位。②过司马季主而卜:造访司马季主并请他为自己占卜吉凶。过,造访;拜访。司马季主,汉初楚人,擅长占卜之术。③蛰(zhé):指动物冬眠,隐藏起来不食不动。④懑:烦闷;郁闷。⑤嚏:打喷嚏。这里指把内心的郁闷倾吐出来。⑥畜极则泄,闷极则达,热极则风,雍极则通:意谓物极必反。畜,存储;积储。闷(bì),关闭;阻隔。风,刮风。雍,通"壅"。雍塞;堵塞。⑦靡:没有。⑧仆窃有疑:我私下里心存疑惑。仆,谦辞,我。⑨蓍(shì):一种草,古代常用其茎来占卜。⑩颓垣:倒塌的墙壁。颓,毁坏;倒塌。⑪琼蕤(ruí):美玉般的花朵。⑫金钉华烛:金质的灯盏,华丽的烛台。钉,指油灯。⑬秋荼春荠:秋天吃苦菜,春天吃荠菜。泛指普通的菜肴。荼,一种苦菜。荠,即荠菜。⑭象白驼峰:指美味佳肴。象白,即象脂,珍贵的食品。驼峰,骆驼

背上的肉峰。二者均为名贵的菜肴。⑮蜀锦:指蜀地所产的锦。古代锦中名品。⑯齐纨:齐地所产的白细绢。古代绢中名品。⑰华:通"花"。⑱浚谷:深谷。浚,深。

气与情

郁离子曰:气者,道之毒药也;①情者,性之锋刃也②。知其为毒药、锋刃而凭之以行③者,欲使之也④。呜呼!天与人,神灵者也,而皆不能不为欲所使。使⑤气与情得以逞其能,而性与道反随其所如往⑥,造化⑦至此,亦几乎穷⑧矣。

【注释】

①气者,道之毒药也:意气就像毒药,会毒害道义。②情者,性之锋刃也:情欲如同刀锋剑刃,会戕害人的本性。③凭之以行:指任由意气、情欲为所欲为。④欲使之也:是欲望驱使它这样做的。⑤使:假若;假使。⑥随其所如往:任其自流,不加克制。⑦造化:指自然界;天地。⑧穷:穷尽。这里引申为"穷途末路","不可救药"。

牧 民

郁离子见披枯荷而履雪者,恻然①而悲,涓然②而泣之,沾其袖。

从者曰:"夫子奚悲也?"郁离子曰:"吾悲若人之阽死而莫能恤也。"③从者曰:"夫子之志则大矣,然非夫子之任④也,夫子何悲焉?夫子过矣!"郁离子曰:"若不闻伊尹⑤乎?伊尹者,古之圣人也。思天下有一夫不被其泽⑥,则其心愧耻,若挞于市⑦。彼人,我亦人也;彼能,而我不能,宁无悲乎?"从者曰:"若是,则夫子诚过矣⑧。伊尹得汤而相之。⑨汤以七十里之国为政于天下，有人民焉，有兵甲焉，而用之，执征伐之权，以为天下君，而伊尹为之师。故得志而弗为，伊尹耻之⑩。今夫子羁旅⑪也，伊尹之事，非夫子之任也。夫子何为而悲哉？且吾闻之：民，天之赤子也，死生休戚，⑫天实司⑬之。譬人之有牛羊，心诚爱之，则必为之求善牧⑭矣。今天下之牧无能善者，夫子虽知牧，天弗使牧也，夫子虽悲之，若之何哉！"退而歌曰："彼冈有桐兮，此泽有荷叶，不庇其根兮，嗟嗟⑮奈何！"

郁离子归，绝口不谈世事。

【注释】

①恻然：悲伤的样子。②涓(xuàn)然：流泪的样子。涓，通"泫"，流泪。③吾悲若人之阽(diàn)死而莫能恤也：我为此人即将死亡却得不到怜惜而悲伤。若人，这个人。阽死，临近死亡。恤，救济；怜惜。④任：职责。⑤伊尹：商汤大臣。本是名奴隶，随汤妻陪嫁而来，后为商汤讨伐夏桀出谋划策，商朝建立后被尊为相。⑥被其泽：指蒙受他的恩泽。被，蒙受；领受。⑦若挞(tà)于市：如同在集市上被鞭子抽打一样。挞，用鞭子抽打。⑧诚过矣：实在是错了。⑨伊尹得汤而相之：伊尹深得成汤赏识，并被任命为相。⑩耻之：以之为耻。这里指伊尹因得到商汤的赏识而自己却无作为而感到耻辱。⑪羁旅：客居他乡。羁，寄居在外。⑫死生休戚：死亡和生存，喜悦与忧伤。⑬司：掌管；主管。⑭善牧：精通放牧。这里的"牧"指放牧牲畜，下文的"牧"则引申为统治百姓。⑮嗟嗟：表示感慨的叹词。

天　问

楚南公①问于萧寥子云②曰："天有极乎？③极之外，又何物也？

天无极乎？凡有形，必有极，理④也，势⑤也。"萧寥子云曰："六合⑥之外，圣人不言。"

楚南公笑曰："是圣人所不能知耳，而奚以不言也？故天之行，圣人以历纪之⑦；天之象⑧，圣人以器验之⑨；天之数，圣人以算穷之⑩；天之理，圣人以《易》究之。凡耳之所可听，目之所可视，心思之所可及者，圣人搜之，不使有毫忽之藏⑪。而天之所闷⑫，人无术以知之者惟此。今又不曰不知，而曰不言，是何好胜之甚也。"

【注释】

①楚南公：秦汉间楚人，喜谈阴阳。②萧寥子云：扬雄，字子云。西汉著名文学家、思想家。③天有极乎：宇宙有边际吗？④理：本性。⑤势：情势。⑥六合：天地四方，意即整个宇宙的巨大空间。⑦以历纪之：用历法记载它。纪，通"记"，记载。⑧天之象：指天文、气象等各种自然现象。⑨以器验之：用仪器验明它。⑩以算穷之：用算术来推究它。⑪毫忽之藏：丝毫的隐藏。毫、忽俱为微小的度量单位。⑫所闷（bì）：指幽深之处。闷，幽深，隐蔽。

牧豭第十二

牧　豭

项羽①既自立为西楚霸王,都彭城②。狙丘先生③自齐之楚,牧豭④请见,曰:"先生曷之往⑤?"先生曰:"我将见楚王。"牧豭曰:"先生布衣⑥也,而见楚王,亦有说⑦乎?"先生曰:"楚王起草莱,为天下除秦暴,分封诸侯,而为盟主,我将劝之以仁义之道、帝皇之事。"牧豭曰:"善哉先生之盛心也! 其若楚国之勋旧何?⑧"狙丘先生不悦,曰:"小人亦有知乎! 是非若所及也⑨。"

牧豭曰:"臣,牧豭者也。家贫无豭,而为人牧豭。豭蕃⑩,则主人喜而厚其佣⑪,不则反之。故臣之牧豭也,舒舒⑫焉。诘朝⑬而放之,使其蹢躅⑭于丛灌之中,鼻粪壤而食腥秽,籍枯翳荟⑮,负涂⑯以游,则皆由由然⑰不苦牧,而获主人之欢,以不后臣之佣。臣西家之子慕利而求其术,臣靳⑱,欲专之⑲,弗以告也。西家子不能蕃其豭,主人怪⑳之,恒不足其佣。于是为豭作寝处㉑焉,高其垣㉒,洁其槽,旦而出之,日未入而收之,择草以食之,不使唼㉓秽臭。豭弗得逸,则皆亡之野。主人怒而逐之。今楚国之休戚臣㉔,皆豭也。豭得其志,则王喜;不得其志,则王不喜矣。遑恤乎其它?㉕而先生欲使之易其心,以行子之道! 幸而弗听,先生之福也;其或听焉,而不待其终,则先生之策未效,而先亡王豭,王必怒。昔者卫鞅以帝王之道说秦孝公㉖,终日不入耳。及以伯术㉗语之,曾未移时,㉘不觉其膝之前,㉙何哉? 彼功利之君,鲜不务近而忽远。故非尧、禹,不可与言道德;非汤、武,不可与谋仁义。今楚王何如人哉? 其所与立功业、计政事㉚者，非适戍之刑徒，则杀人之亡命也。攘攘其心而炎炎其欲者也，㉛而欲与之论道德，行仁义，是何异于被鹿麋以冠裳，而使与人同饮食哉？而王非此不可也，无乃抏㉜先生之神，而无益于道乎？且先生之德不如仲尼，犹霄壤㉝也。仲尼历聘㉞诸侯，卒栖栖而无合，㉟然后危于匡，困于宋，饿于陈、蔡之间㊱，几不免焉。今楚王之威，非直孔子之时诸侯大夫比也。先生之行，臣窃惑焉。"

君子谓狙丘先生有救时之心，而不如牧豭之识事势也。

【注释】

①项羽：名籍，字羽。楚国名将项燕之孙，秦朝末年起兵反秦，秦亡后自立为西楚霸王。后为刘邦所灭。②彭城：古县名。即今江苏徐州市。③狙丘先生：田巴，战国时齐国人，以善辩著称。④牧豭（jiā）：放牧家猪。这里用作人名。豭，公猪。这里泛指家猪。⑤曷之往：到哪里去？曷，通"何"，疑问代词，哪里，什么地方。⑥布衣：指平民百姓。⑦说：主张；言论。⑧其若楚国之勋旧何：又将如何处置楚国的那些有功勋的旧臣呢？⑨是非若所及也：这绝非是你的智慧所能办到的。⑩蕃：生育；繁殖。⑪厚其佣：多给受雇者工钱。佣，受雇者的工钱。⑫舒舒：舒服安适的样子。⑬诘朝（jié zhāo）：诘旦，平明，清晨。⑭蹢躅（zhí zhú）：来回走动的样子。文中引申为"逍遥自在"。⑮籍朽翳荟：踩踏在腐朽物上，掩蔽在草木丛中。籍，垫，引申为"踩踏"。翳，掩蔽；遮蔽。荟，草木繁盛的样子。⑯涂：泥土。⑰由由然：悠然自得的样子。⑱靳（jìn）：吝惜，小气。⑲专之：专有它。这里指不将牧豭的技巧传给他。⑳怪：责怪；埋怨。㉑寝处：寝室，坐卧之所。这里指猪圈。㉒垣：矮墙。这里指猪圈的围栏。㉓啖：吃。㉔休戚臣：指与楚王休戚相关的大臣。休戚，指喜悦和忧愁，喻指关系亲密。㉕遑恤乎其它：怎能顾念其他事情呢。遑，何暇；怎能。恤，顾念；顾及。㉖昔者卫鞅以帝王之道说秦孝公：从前卫鞅曾用帝王之道去游说秦孝公。卫鞅，即商鞅。㉗伯（bà）术：霸道，指称霸之术。㉘曾未移时：没过多久，一会儿。㉙不觉其膝之前：不知不觉挪膝向前。喻指

秦孝公对"霸道"很感兴趣。㉚计政事:议论国事。㉛攘攘其心而炎炎其欲者也:他们全是些内心纷乱、欲望强烈的人。攘攘,纷乱的样子。炎炎,灼热的样子。㉜忨(wán):耗费。㉝霄壤:天地。指相差悬殊。㉞聘:拜访;探问。这里指孔子周游列国。㉟卒栖栖而无合:最终忙碌不安却没有一位国君采用孔子的建议。栖栖,忙碌不安的样子。合,一致,指志趣投合。㊱危于匡,困于宋,饿于陈、蔡之间:指孔子周游列国期间,曾在匡地遭到拘禁,在宋国被围困,在由陈国去蔡国的途中,挨了好几天饿。

割　瘿

夷门之瘿人,①头没于胛②,而瘿代为之元③,口、目、鼻、耳俱不能为用。郢封人④怜而为之割之。人曰:"瘿不可割也。"弗听,卒割之,信宿⑤而死。国人尤⑥焉,辞⑦曰:"吾知去其害耳。今虽死,瘿亦亡⑧矣。"国人掩口而退。

他日,有恶春申君之专⑨者,欲言于楚王,使杀之。荀卿闻之,曰:"是不亦割瘿之类乎?春申君之用楚⑩,非一日矣。楚国之人,知有春申君而已。春申君去⑪,则楚随之⑫。是子又欲教王以割瘿也。"

【注释】

①夷门之瘿(yǐng)人:开封有位脖子上长瘤的人。夷门,战国时魏都大梁城的东门位于夷山之上,时人称之夷门。故址在今开封城内东北角。后人遂以夷门指代开封。瘿人,脖子上长瘤的人。瘿,俗称瘤,多生于颈部,囊状。②胛:肩胛;肩膀。③元:首;头。④郢(yǐng)封人:郢地掌管典守封疆的官吏。郢,古地名。楚国都城,位于今湖北省江陵北。封人,古官名,管理典守封疆的官吏。封,疆界。⑤信宿:连宿两夜。⑥尤:埋怨;责怪。⑦辞:辩解;借口。⑧亡:没有;消失。⑨专:专权;专行独断。⑩用楚:在楚国被重用。⑪去:除掉。⑫则楚随之:那么楚国也就随

之灭亡了。

乌鹊之鸣

郁离子曰：乌鸣之不必有凶，鹊鸣之不必有庆，是人之所识也。今而有乌焉，日集人之庐以鸣，则其人虽恒喜，亦莫不恶之也；有鹊焉，日集人之庐以鸣，则其人虽恒忧，亦莫不悦之也。岂惟常人哉？虽哲士[1]亦不能免矣，何哉？宁非以其声与？[2]是故直言，人皆知其为忠，而不能卒不厌[3]；谀言，[4]人皆知其为邪，而不能卒不惑[5]。故知直言之为药石[6]，而有益于己，然后果于能听[7]；知谀言之为疢疾[8]，而有害于己，然后果于能不听。是皆怵于其身之利害而然也。[9]是故善为忠者，必因其利害而道之；善为邪者，亦必因其利害而欺之。惟能灼见[10]利害之实[11]者，为能辨人言之忠与邪也。人欲求其心之惑，当于其闻乌鹊之鸣也识之。[12]

【注释】

①哲士：哲人，指才能见识超越寻常的人。②宁非以其声与：难道不是它们叫声的缘故吗？宁，难道。以，缘由；原因。③不能卒不厌：最终还是感到厌烦。④谀言：奉承谄媚之言。⑤不能卒不惑：最终还是被迷惑。⑥药石：治病的药物和砭石。泛指药物。⑦然后果于能听：然后才真能够接受。⑧疢（chèn）疾：热病，泛指疾病。⑨是皆怵（chù）于其身之利害而然也：这都是因惧怕自己的切身利害受到影响才这样做的。怵，害怕；恐惧。⑩灼见：洞察；看清楚。⑪实：实情，本质。⑫人欲求其心之惑，当于其闻乌鹊之鸣也识之：要想知晓一个人的内心是否易被迷惑，就应当从他对待乌鸦、喜鹊鸣叫的态度去识别。

世事多变

郁离子与客泛于彭蠡之泽[1]。风云不兴，白日朗照，平湖若砥，②鱼虾之出殁③皆见，皛如④也，谹如⑤也，左之右之，无不可者。客曰："有是哉！泛之乐也！吾得托此以终其身焉，足矣！"已而山之云出如缕，不顷刻而翳日⑥，风欻然⑦，薄石而偃木，⑧鼓穹嵁⑨而雷九渊⑩，轮旋而箕簸焉⑪。客跣⑫不能立，俯而哕⑬，伏而不敢仰视，神逝魄夺如死，曰："吾往矣，吾终身不敢复来矣！"

郁离子曰："世事亦若是⑭也。夫千乘之君⑮，坐朝而临群臣，受言接词，鲜不温温然⑯。一朝而怒，莫敢婴其锋⑰。其何以异于水乎？天下之久安也，人恬⑱不知患，谓之儆⑲，不信，而死亡于梦寐者亡限⑳也。无亦知泛之乐，而不知风之可畏乎？慎兢观于吕梁，㉑见其触石而煦沫㉒也，曳足而走，㉓曰：'吾何为冒是哉！'㉔没齿㉕而不涉。君子以为知畏，其贤于海贾远矣。故三峡㉖之惊湍，望而知其能覆舟也，而蹈之以死者，不有其生者也。知泛之乐，而不知风之可畏者，未尝夫险者也㉗。故曰：'暴虎冯河，死而无悔者，圣人不与也。'言其知祸而弗避也。"

【注释】

①泛于彭蠡之泽：在鄱阳湖泛舟游玩。泛，泛舟，坐船游玩。彭蠡之泽，即鄱阳湖，在今江西省境内。②平湖若砥（dǐ）：平静的湖面宛如磨刀石般平滑。砥，磨刀石。③出殁：出没；时隐时现。④皛（xiǎo）如：皎洁明亮的样子。⑤谹如：开阔空旷的样子。⑥翳日：遮蔽了太阳。翳，遮蔽；遮挡。⑦欻（xū）然：忽然，迅疾的样子。⑧薄石而偃木：将石头吹翻，将树木刮倒。⑨鼓穹嵁（kān）：深谷中犹如鼓声震动。穹，深。嵁，深谷。⑩雷九渊：深渊中犹如雷声阵阵。指狂风怒吼。⑪轮旋而箕簸：如同车轮般打旋，宛如簸箕般颠簸起伏。⑫跣（chěn）：行走艰难貌。这里指站立不稳，东倒西歪。⑬哕（yuě）：呕吐。⑭是：指示代词，此；这。⑮千乘之君：泛指国君。千乘，即一千辆兵车。战国时期，称较小的诸侯国为千乘，较大的诸侯国为万乘。⑯温温然：和善温柔的样子。⑰婴其锋：触犯君王的威严。婴，触犯；接触。锋，兵器锐利的部分，这里引申为君王盛怒之下的威严。⑱恬：安逸；舒适。⑲儆（jǐng）：戒备；警备。⑳亡限：无

限。㉑慎觌观于吕梁：慎觌前去察看吕梁的洪水。慎觌，作者虚构的人物。取其谨慎小心之意。吕梁，河名，在今山西省中部。㉒触石而煦(xǔ)沫：洪水拍打着巨石，水沫四溅。煦，吐出。引申为溅起。㉓曳足而走：抬脚便跑。㉔吾何为冒是哉：我为何要冒如此风险呢？㉕没齿：终生，一辈子。㉖三峡：长江三峡，即瞿塘峡、巫峡和西陵峡。㉗未尝夫险者也：是属于那种未曾经历过危险的人。

食鲦鲐

司城子之圉人之子食鲦鲐而死，①弗哭。

司城子问之曰："父与子有爱乎？"曰："何为其无爱也？"司城子曰："然则尔之子死而弗哭，何也？"对曰："臣闻之，死生有命，知命者不苟死②。鲦鲐，毒鱼也。食之者死，夫人莫不知也，而必食以死，是为口腹而轻其生，非人子也，是以弗哭。"

司城子愀然③叹曰："好贿之毒，④其犹食鲦鲐乎！今之役役者⑤，无非口腹之徒也，而不知圉人之弗子也，甚矣！"

【注释】

①司城子之圉人之子食鲦鲐(hóu tái)而死：司城子手下有个养马官的儿子因吃河豚而被毒死了。②不苟死：不随便去死。苟，随便；草率；不审慎。③愀然：忧伤的样子。④好贿之毒：贪图财物的毒害。⑤役役者：指奔走钻营之徒。

说　秦

瑕丘子①既说秦王②，归而有矜色③。谓慎子④曰："人皆谓秦王如虎，不可触也，今仆已摩其须，拍其肩矣。"

慎子曰："善哉！先生天下之独步⑤也！然吾尝闻，赤城之山⑥

有石梁五仞^⑦，径尺而龟背，^⑧其下维千丈之谷，^⑨县泉沃之，^⑩湿藓被^⑪焉，无藤萝以为援^⑫也。有野人负薪而越之，不留趾而达，观者皆啧啧^⑬。或谓之曰：'是石梁也，人不能越，惟若能越之，得匪有仙骨乎^⑭？'使还而复之^⑮。其人立而睨^⑯之，则足摇而不能举，目运而不敢瞩^⑰。今子之说秦王，是未睹夫石梁之险者也。是故过瞿唐而不栗者^⑱，未尝惊于水者也；视狴犴而不惴者，^⑲未尝中于法者也^⑳。使先生而再三之，则亦无辞以教仆矣。"

【注释】

①瑕丘子：人名。瑕丘，复姓。②说（shuì）秦王：游说秦王。③矜色：骄傲自得的神情。④慎子：即慎到。战国时赵人，倡导法治，著有《慎子》七篇。⑤独步：独一无二，无与伦比。这里指独一无二之人。⑥赤城之山：即赤城山。浙江天台有赤城山，因土色皆赤而得名。⑦仞：古代长度单位。周制一仞为八尺，汉制一仞为七尺。⑧径尺而龟背：石梁的宽度只有一尺，中间隆起不平，犹如龟的背部。极言赤城山难以行走。⑨其下维千丈之谷：石梁之下是千丈深谷。维，是；乃。⑩县泉沃之：瀑布浇灌着它。县，通"悬"。县泉，即瀑布。⑪被：通"披"。覆盖。⑫援：攀缘；攀附。⑬啧啧（jiè）：拟声词，表赞叹。⑭得匪有仙骨乎：莫非是你已得道成仙了？得匪，莫非；莫不是。仙骨，古人认为修道者得道后，其凡胎会变成圣胎，凡骨会换成仙骨。⑮复之：再一次。这里指再从石梁上走一次。⑯睨：斜视；斜着眼看。⑰瞩：瞩目；注视。⑱过瞿唐而不栗者：经过瞿塘峡而不恐惧的人。瞿唐，即瞿塘峡，长江三峡中江面最窄，水流最急，山势最险的峡。栗，恐惧；害怕。⑲视狴犴（bì'àn）而不惴者：面对牢狱而不害怕的人。狴犴，本为传说中的一种猛兽，因其好讼，故常代指牢狱。惴，害怕；恐惧。⑳未尝中（zhòng）于法者也：指从未被刑法制裁过的人。

公孙无人第十三

公孙无人

柳下惠①之弟跖②盗于鲁，鲁人患之。公孙无人③谓展季曰："舜父瞽瞍而弟象，④舜克谐以孝，烝烝乂，不格奸，⑤有诸？"展季恻然⑥，无以应。

明日而之盗跖。盗跖环甲兵以自卫，揖⑦其兄以入，还而坐，扬扬然⑧问曰："圣人之聚人⑨有道乎？"展季曰："有。"请问之，曰："太上⑩以德，其次以政，其下以财。德久则怀，⑪政弛则散，财尽则离。故德者，主也；政者，佐也；财者，使⑫也。致君子莫如德，致小人莫如财。可以君子，可以小人，则道⑬之以政，引其善而遏其恶。圣人兼此三者，而弗颠其本末，则天下之民无不聚矣。"盗跖怫然⑭曰："我之聚人也，异于是。驱之以白刃，渍之以赤血，从我者与之⑮，其不从我者屠之，焚烧其室庐，芟薙其妻孥，⑯芜其土田，割其爱恩，断绝其顾念，使之不夺不食，⑰舍我奚适⑱。吾将以是横行于天下，而非若长者之迂也。"

展季哑然而返，曰："始吾谓人无不肖，皆异于禽兽，由今观之，殆不若矣⑲。"遂隐于柳下，而别⑳其族曰柳下氏。

【注释】

①柳下惠：姓展，名禽，字季。春秋时鲁国大夫。因食邑在柳下，谥号惠，故世称柳下惠。②跖：即盗跖。春秋时的大盗。③公孙无人：作者

虚构的人物。④舜父瞽瞍（sǒu）而弟象：舜的父亲名瞽瞍，舜的弟弟名象。⑤舜克谐以孝，烝烝乂（yì），不格奸：意谓舜面对父顽母嚚弟傲，能以孝悌之道和谐家庭，使他们不断地进德从善，不至于奸恶。⑥恻然：伤痛的样子。⑦揖：古代一种礼仪，拱手为礼。⑧扬扬然：扬扬得意貌。⑨聚人：指把天下人聚集在一起。⑩太上：最上。⑪德久则怀：长期施以恩德，人们就会感怀。怀，感怀；归服。⑫使：驱使；使用。这里引申为"方法"、"手段"。⑬道：通"导"，引导。⑭怫（fú）然：勃然，愤怒的样子。⑮与之：指给予好处。⑯芟（shān）翦其妻孥：杀光他们的妻子儿女。芟剪，削除尽；铲除完。妻孥，指妻子儿女。⑰使之不夺不食：使他们不掠夺就没有吃的。⑱舍我奚适：舍弃我还能去哪里呢？⑲殆不若矣：恐怕不是这样吧。殆，恐怕；大概。⑳别：区别；分开。这里指另立门户。

僰人养猴

　　僰①人养猴，衣之衣②而教之舞，规旋矩折，③应律合节④。巴童⑤观而妒之，耻己之不如也，思所以败之，乃袖⑥茅栗以往。筵张而猴出，众宾凝眝⑦，左右皆蹈节⑧。巴童佁然⑨挥袖，而出其茅栗，掷之地。猴褫衣⑩而争之，翻壶而倒案，僰人呵之不能禁，大沮。

　　郁离子曰："今之以不制之师⑪战者，蠢然而蚁集⑫，见物则争趋之，其何异于猴哉！"

【注释】

　　①僰（bó）：古族名，春秋时分布在我国西南部。②衣（yì）之衣：给它们（指猴）穿上衣服。第一个"衣"是名词活用为动词，穿上。③规旋矩折：意即中规中矩。④应律合节：符合音律和节拍。⑤巴童：巴地的儿童。巴，古国名，位于今四川省东部。⑥袖：名词用作动词，指衣袖里藏着。⑦凝眝（zhù）：注视；凝视。⑧蹈节：踏着节拍。蹈，踏。⑨佁（yǐ）然：静止的样子。这里指不动声色。⑩褫（chǐ）衣：解下衣服。⑪不制之

师：失去制约的军队。指无组织无纪律的军队。⑫蚁集：如同蚂蚁般汇集。

良　心

郁离子曰：人莫不亲其父母也，而弗思他人之亦各亲其父母也；莫不爱其子也，而弗思他人之亦各爱其子也，故有杀人之父母与子而不顾者。及其父母与子之死，则不堪其悲，是其良心之未亡，犹可道而之善①也。人有不能孝于父母而钟爱其子者，不思父母之于己，亦犹己之于子也，是其良心虽亡，而犹有存者，亦未至于不可道而之善也。

是故圣人立教，因其善端而道之，②使之引而伸之，触类而长之，③侯以明之，挞以记之，④格则承之庸之，⑤否则威之⑥。生之者天地父母，而成之者君师⑦也。不然名虽曰人，与禽兽何别焉！

【注释】

①道而之善：引导他们向善。道，通"导"，引导。②因其善端而道之：沿着他们善良的起始加以引导。因，沿着；顺着。善端，善良的起始。③引而伸之，触类而长(zhǎng)之：引申开去，由对某一类人的善推广至对其他人的善。长，增加；增进。④侯以明之，挞以记之：如果他们不能明察向善，就用不许参加射礼以标明他们，用鞭打来惩戒他们。⑤格则承之庸之：若他能改过，就接受他，任用他。格，改过，纠正。庸，任用。⑥否则威之：指如果不能改过，就通过威势使他服从。⑦君师：君主和教师。

饮漆毒水

熊蛰父①谓子离曰："今有病渴②而刺③漆汁以饮之，可乎？"曰：

"不可。""育鱼于池而患獭④，则毒其水，可乎？"曰："不可。"

曰："然则子之王亦未之思也甚矣。王患民赋之不均也，而用司马发。司马发极人力之所至，务尽收以为功，见利而不见民。民入不足以为出，老弱饿殍，⑤田野荒虚，而王未之闻也。王患敌寇之未弭⑥也，而用乐和。乐和悦士卒以剽掠⑦，见兵而不见民，民视之犹虎狼，所过妻孥⑧不保，而王未之知也。是何异乎刺漆汁以止渴，毒池水以禁獭哉？王如不寤，吾恐民非民，而国非王国⑨矣。"

【注释】

①熊蛰父：与下文的子离、司马发、乐和均为作者虚构的人物。②病渴：指非常渴。③刺：划；割。④獭(tǎ)：即水獭。一种野兽，生活在水中，善游泳，以鱼类为食。⑤老弱饿殍(piáo)：年老体弱的人都饿死了。饿殍，指饿死的人。⑥弭：止息；消除。⑦悦士卒以剽掠：让士兵劫掠以取悦于士兵。剽，抢劫，掠夺。⑧妻孥：指妻子儿女。⑨国非王国：国家不是君王的国家。指君王的统治将会垮台。

石羊先生自叹

石羊先生倚楹①而叹曰："呜呼！予何为其生乎！②人皆娭娭③，我独离离④；人皆养养⑤，我独罔罔⑥。谓天之弃之乎，则比人为有知⑦；谓天之顾⑧之乎，则何为使予生于此时？时乎命乎，我独于罹⑨；东乎西乎，南乎北乎，吾安所归⑩？独不如鱼与鳖乎，潜居于坻⑪；又不如鸿与雁乎，插羽而飞。何不使之为土为石乎，而强生以四肢？又何不使之冥冥木木⑫，不知痛痒以保其真⑬乎，而予之以致寇之货⑭，陷之以不测之机。"

于是，悲风振天，四野凄凉，浮云不行。霰雪交零⑮，日月为之无光七日。

【注释】

①倚楹(yíng):依靠着柱子。②予何为其生乎:我为什么要活着呢? ③娭娭(xī):喜悦的样子。④离离:悲伤的样子。⑤养养:怡然自得的样子。⑥罔罔:若有所失的样子。罔,通"惘"。⑦比人为有知:与他人相比,自己还算是有智慧的。⑧顾:关心;眷念。⑨罹:苦难;忧患。⑩吾安所归:哪里是我的归宿呀? 安,疑问代词,哪里。⑪坻(chí):水中的小洲。⑫冥冥木木:稀里糊涂,麻木不仁。⑬真:本质;本性。⑭予之以致寇之货:给予我可招致匪寇的货物。其寓意是说上天赋予我石羊先生清醒的头脑和不随波逐流的品格,因而使我成为小人迫害的对象。⑮霰(xiàn)雪交零:雪花飘零。霰,雪珠。多在下雪前或下雪时飘落。

小人犹膏

郁离子曰:小人其犹膏①乎? 观其皎而泽②,莹而媚,③若可亲也,忽然染之,则腻不可濯④矣。故小人之未得志也,尾尾⑤焉;一朝而得志也,岸岸⑥焉。尾尾以求之,岸岸以居之。见乎声,形于色,欲人之知也如弗及。是故君子疾夫尾尾者。

【注释】

①小人其犹膏:奸邪之人就犹如油脂一样。膏,脂肪;油脂。②皎而泽:洁白而有光泽。③莹而媚:晶莹而又美好。④濯(zhuó):洗涤。⑤尾尾:通"娓娓"。形容言谈动听。⑥岸岸:傲慢;高傲。

蛇蝎第十四

蛇　蝎

　　楚人有见蛇蝎而必杀之者,又有曲为之容[1]而惟恐人之伤之者。或曰:"斯二者,孰是?"郁离子曰:"其亦杀之者是,而容之者非耳。"或曰:"人有害于人,伤成而受罪,[2]律也。今蛇与蝎未尝伤人,而辄杀之,不已甚[3]乎?"

　　郁离子曰:"是非若所及也。[4]夫人与物之轻重,较然殊矣[5]。虫蛇之无知,而欲以待人者待之,不亦惑乎?昔者周公[6]命庭氏[7]射妖鸟[8]以救日之弓、救月之矢[9];又命硩簇氏[10]掌覆妖鸟之巢,著为典训[11]。故孙叔敖[12]见两头之蛇,杀而埋之,其母以为阴德,君子不非[13]焉。况毒人之虫,中之者不死则痍,[14]而曰必待其伤成而后可杀,是以人命同于虫蛇,其失轻重之伦,不亦甚哉?近世之为异端[15]者,以杀物为有罪报[16],而大小善恶无所别。故见恶物而曲为之容,私于其身为之,而不顾其为人之害,其操心[17]之不仁可见。吾故曰:是非若所及也。"

【注释】

　　①曲为之容:想方设法加以宽容。曲,委曲,辗转曲折,这里引申为"想方设法""绞尽脑汁"。②伤成而受罪:对人造成伤害后再受到惩罚。罪,治罪;惩罚。③甚:过分。④是非若所及也:这并非如你所想的那样。⑤较然殊矣:显然不同。较然,明显;显然。⑥周公:即姬旦。周文王子,

著名贤臣。⑦庭氏：古官名。主管射杀都城附近的鸱鸮、狼、狐之类夜间鸣叫的鸟兽。⑧妖鸟：指夜里鸣叫为妖作怪的鸟。一般指鸱鸮之类的鸟。⑨救日之弓、救月之矢：指日食、月食时所打造的弓箭。古代迷信，遇日食时，以为是阴侵阳，必祈祷鼓噪，张弓射月，谓之"救日"。遇月食时，以为是阳侵阴，必以矢射日，祈祷鼓噪，谓之"救月"。⑩蟚(chè)蔟氏：古官名。负责捣毁鸱鸮、狼、狐之类夜间鸣叫为妖作怪的鸟兽巢穴。⑪著为典训：著述成典章制度，供人效法。典训，准则性的训示，引申为"典章制度"。⑫孙叔敖：春秋时楚国人，姓苏，名敖，字孙叔。楚庄王时为令尹。⑬非：责怪；非难。⑭中(zhòng)之者不死则痍(yí)：被咬到的人不死则伤。⑮异端：古代儒家称非儒的学派为异端，后泛指不合正统者。⑯罪报：指杀伤生物是有罪的，将会遭报应。⑰操心：持心。操，操持；把握。

鸲鹆好音

吴王夫差①与群臣夜饮，有鸲鹆②鸣于庭，王恶，使弹③之。子胥④曰："是好音⑤也，弗可弹也。"王怪而问之，子胥曰："王何为而恶是也？⑥夫有口则有鸣，物之常也，王何恶焉？"王曰："是妖鸟也，鸣则不祥，是以恶之。"

子胥曰："王果以为不祥而恶之与？则有口而为不祥之鸣者，非直⑦一鸟矣。王之左右皆能鸣⑧者也，故王有过则鸣以文⑨之；王有欲则鸣以道⑩之；王有事则鸣以持⑪之；王有闻则鸣以蔽⑫之；王臣之顺己者，则鸣以誉之；其不顺己者，则鸣以毁⑬之。凡有鸣必有为，故其鸣也，能使王喜，能使王怒，能使王听之而不疑，是故王国之吉凶惟其鸣，王弗知也，则其不祥孰大焉？王胡不此之虞而鸟鸣是虞⑭？夫吉凶在人，禽鸟何知？若以为不祥，则虑而先为之防，求吾阙⑮而补焉，所益多矣。臣故曰是好音也。"

【注释】

①吴王夫差:春秋末吴国国君。②鸱鸺(jī qí):即猫头鹰,古人认为是一种凶鸟。③弹(tán):用弹丸射击。④子胥:即伍员,字子胥。春秋时楚人。⑤好音:吉祥的声音。好,善,引申为"吉祥"。⑥王何为而恶是也:大王为何要厌恶它呢?⑦直:只;单单。⑧鸣:本指鸟发出的声响。这里指朝廷奸邪小人发出的言论。⑨文:掩饰。⑩道:通"导",引导。⑪持:挟持;把持。⑫蔽:蒙蔽;遮掩。这里指蒙蔽国君视听。⑬毁:诽谤;诋毁。⑭王胡不此之虞而鸟鸣是虞:大王为何不戒备这些奸邪小人的鸣叫,反而为鸟的鸣叫而忧虑呢?虞,戒备;忧虑。⑮阙:错误;缺失。

靳 尚

屈子①谓楚襄王②曰:"王之所以爱靳尚③者,谓其善任使令④,与夫国王国民王民也⑤。靳子有事焉,非王言不获,⑥是楚人之听于靳子也以王故⑦。然则靳子无王不可也,而王亦何赖于靳子哉?今王委国靳子⑧,食不由靳子,则不甘于口;衣不由靳子,则不安于体;出号令不由靳子,则王心惘然⑨,以为不足,臣窃惑焉。昔商王⑩受之任蜚廉、恶来⑪辈也,惟王之所欲而奉之,揣王之心,度王之意,多方以迎合,自以为大忠于王,而不知为王集天下之怒。牧野之聚,⑫王亡而身与之俱,亦何益哉?今靳子不鉴往辙⑬,而王蛊是裕⑭。王忱有德令,⑮则靳子收其恩,曰:'余实为之。'民弗堪命,则曰:'余将若王何!'⑯利究于下,而怨归于上,臣恐楚国之非王国也。"襄王大怒,放⑰屈子于湘江之源。

屈子去⑱楚,楚乃大弱于秦。

【注释】

①屈子:即屈原。②楚襄王:名熊横,战国楚国国君。③靳尚:战国

140

楚国大夫。为楚怀王宠幸，常在怀王面前诋毁屈原，最终致使屈原被放逐而死。④善任使令：善于被使唤。使令，被使唤，受差遣。⑤国王国民王民也：以国王的国家为国家，以国王的百姓为百姓。指忠于国王。⑥非王言不获：不是大王发话就办不成事。⑦楚人之听于斯子也以王故：楚人之所以听从靳尚是由于大王的缘故。⑧委国靳子：把朝政委托给靳尚。⑨惘然：不知所措，精神恍惚的样子。⑩商王：指纣王。⑪蜚廉、恶来：商朝末年时人，历史上有名的奸臣，二人为纣王的心腹，助纣为虐。⑫牧野之聚：牧野，古地名。位于今河南省淇县南。⑬不鉴往辙：不以过去的教训为鉴戒。辙，车轮碾过后的痕迹，这里指教训。⑭王蛊是裕：大王却对这些诱惑加以宽容。蛊，诱惑。裕，宽大；宽容。⑮王忱有德令：大王确实有恩德于民。忱，果真；确实。德令，施恩德的法令，即对百姓施以恩德。⑯余将若王何：我拿大王也没办法呀。也即把责任推到楚王身上。⑰放：放逐；流放。⑱去：离开。

熊蛰父论乐

熊蛰父居楚，有见闻必言，不待王之问也。及其之宋，宋王虽问之，弗言。

或曰："宋王之待先生，不薄于楚王，而先生或言焉，或不言焉，无乃异乎①?"熊蛰父曰："子亦尝学乐乎？鼓钟县②矣，和之以琴瑟，间之以笙磬，③合止柷敔，④然后八音谐⑤而《箫韶》⑥成矣。今有陈⑦筝、筑⑧、笛、缶⑨，间以铙钹⑩，和以羯鼓⑪，虽有鸣球⑫、磬管，其可以杂奏乎？是故雷不鸣于启蛰⑬而鸣于日至⑭，则天道变；鸡不鸣于向晨而鸣于宵中，则人听惑。"

【注释】

①无乃异乎：恐怕前后做法差异太大了吧？②县：通"悬"。悬挂；吊挂。③间（jiàn）之以笙磬（qìng）：间杂以笙、磬之音。④合止柷（zhù）敔

(yǔ):合,指开始合奏音乐。止,音乐终止。柷,古乐器名。击之以示奏乐开始。敔,古乐器名。击之以示雅乐终止。⑤八音谐:即八音和谐。八音,古代称金(钟)、石(磬)、丝(琴瑟)、竹(箫管)、匏(笙竽)、土(埙)、革(鼓)、木(柷敔)为八音。⑥《箫韶》:乐曲名,相传为舜时所奏。⑦陈:陈设;放置。⑧筑:弦乐器名。状似筝,颈细而肩圆,弦下设柱。⑨缶(fǒu):打击乐器名,瓦质。⑩铙钹(náo bó):又称铜钹、铜盘、铜体,一种打击乐器。相击以和乐。⑪羯(jié)鼓:古代的一种鼓。两面蒙皮,腰部细。相传出自羯族。⑫鸣球:指玉磬。⑬启蛰:即惊蛰。节气名。虫类冬日蛰伏,至春复出,故称启蛰。⑭日至:这里指冬至,节气名。

招安说

郁离子曰:劝天下之作乱者,其招安①之说乎?非士师②而杀人谓之贼,非其财而取诸人谓之盗。盗贼之诛,于法无宥③。秦以苛政罔民④,汉王入关,⑤尽除之,而约三章⑥焉:杀人、伤人及盗而已。秦民果大悦,归汉,汉卒有天下。由是观之,岂非他禁可除,而惟此三者不可除乎?天生民,不能自治,于是乎立之君,付之以生杀之权,使之禁暴诛乱,抑顽恶而扶弱善也。暴不禁,乱不诛,顽恶者不抑,善者日弱以消,愚者化而从之⑦,亦已甚矣;而又崇之以爵禄⑧,华之以宠命,⑨假⑩之以大权,使无辜之民不可与共戴天者,释其仇而服事⑪焉,是诚何道哉!遂使天下之义士丧气,勇士裂眦⑫,贪夫悍客攘臂慕效,以要⑬利禄。故曰:劝天下之作乱者,招安之说。而世主⑭弗寤也,悲夫!

或曰:"然则舞干羽而苗格⑮,非与?"曰:"甚哉,俗儒之梏于文⑯以误天下也!《舜典》⑰曰:'窜三苗于三危。'⑱又曰:'分北⑲三苗。'夫窜与分北,皆非抚纳⑳降附㉑之词也,则岂因其来格而遂为之哉?非人情㉒也,圣人岂为之?必也以兵临之,而后分北。其来格者安之,㉓顽不悛者窜之耳㉔。又况干羽非特文舞㉕,则非曰诞敷文德㉖,而遂弛㉗其伐苗之谋明矣。皋陶㉘曰:'苗顽弗即工。'㉙;'帝念哉,念兹在兹。'㉚则有虞㉛之君臣不顷刻而忘苗,可想而见。岂若后世衰微偷惰㉜之君臣,以姑息为幸,㉝而以劝贤之爵禄劝天下之大憝㉞哉!"

【注释】

①招安:说之使归附。②士师:又称士史。古官名,负责禁令刑狱等事务。③宥(yòu):饶恕;宽容。④以苛政罔民:用残酷的手段统治祸害人民。⑤汉王入关:刘邦攻入函谷关。⑥约三章:即"约法三章"。⑦化而从之:受感染而跟随他们。化,受感化;受感染。⑧崇之以爵禄:以爵位和俸禄使他们得到尊崇。⑨华之以宠命:以恩赐的任命使他们得以显贵。华,显贵;显耀。⑩假:给予;授予。⑪释其仇而服事:指放下仇恨反而去侍奉仇人。释,消解;放下。服事,侍奉。⑫裂眦(zì):因发怒而眼眶欲裂。形容愤怒至极。眦,眼眶。⑬要:通"邀",寻求;求取。⑭世主:国君。⑮舞干羽而苗格:指用文德教化使苗部落来归附。格,至;来。⑯俗儒之梏(gù)于文:指迂腐的儒生被文章典籍所束缚。梏,本指木质手铐。这里指受约束、受束缚。⑰《舜典》:《尚书》篇章之一。⑱窜三苗于三危:把苗人放逐到三危。窜,放逐。三危,古山名,在今甘肃省敦煌东南。⑲分北:北,通"背"。即"分背""分离"。指使善者留用,将恶者放逐。⑳抚纳:安抚招纳。㉑降附:指投降归顺。㉒人情:人之常情。㉓其来格者安之:前来归附的,就让他们安定下来。㉔顽不悛(quān)者窜之耳:顽固不悔改的,就将他们放逐。顽,顽固。悛,悔改。㉕干羽非特文舞:舞干羽不仅仅是指文舞。㉖诞敷文德:遍布礼乐教化。诞敷,遍布。文德,与"武功"相对,指礼乐教化。㉗弛:放松;解除。㉘皋陶(gāo yáo):人名,相传是虞舜时的司法官。㉙苗顽弗即工:三苗首领顽固不化,不能就职。即,就。工,职事;官吏。㉚帝念哉,念兹在兹:意谓念念不忘。㉛有虞:虞,古部落名,舜为其首领。有,助词,用于部落名前,无义。㉜偷惰:指

苟且怠惰。㉝姑息为幸:以无原则地宽恕(作乱者)为幸事。㉞大憝
(duì):最奸恶之人。憝,泛指恶人。

盗犙

盗犙①以如芒之钩②,系八尺之丝,钩牛舌而牵之,宵夜而牛随之行,莫之违也③。故世之善盗牛者称犙焉。

郁离子曰:"是所谓盗道④也。中其肯,⑤扼其害,⑥操其机而运之,⑦蔑⑧不从矣!"石羊先生曰:"此古人制盗之道也。今人弗能也,盗用之矣。"

【注释】

①盗犙(chōu):偷牛贼。犙,牛喘息的声音,这里代指牛。②如芒之钩:像锋刃般锐利的钩子。芒,通"铓",刀剑等的尖锋。③莫之违也:倒装句,即"莫违之也"。指没有敢违抗的。④盗道:盗窃的方法。⑤中(zhòng)其肯:击中关键。肯,指附着在骨头上的肉。⑥扼其害:掐住要害。扼,用力掐。⑦操其机而运之:抓住时机而牵着牛走。机,事物的关键。运,牵引。⑧蔑:否定副词,无,没有。

种谷

冈与勿析土而农耨,①不胜其草②。冈并薙以焚之③,禾灭而草生如初;勿两存焉,粟则化而为稂④,稻化为稗⑤。胥顾以馁,⑥乃俱诉于后稷⑦曰:"谷之种非良。"

问而言其故。后稷曰:"是女罪也。⑧夫谷由人而生成者也,不自植也。故水泉动而治其亩,灵雨降而播其种,蜩蟧⑨鸣而芸⑩其草。粪壤以肥之,泉流以滋之;其耨也,删其非类,不使伤其根;其

植也,相其土宜,不使失其性;潦疏暵溉,⑪举不违时,然后可以望有秋⑫。今女不师⑬诸先民,而率由乃心以遏天生⑭,乃弗惩尔躬⑮,而归咎于种之非良,其庸有愈乎⑯!"

【注释】

①冈与勿析土而农耨(nòu):冈与勿二人在农田里翻土锄草。冈、勿,作者虚构的人物。②不胜其草:指杂草太多,难以除尽。③并薙(tì)以焚之:把禾苗和杂草一同割除焚烧。薙,除草。④稂(láng):杂草名,形似粟苗。⑤稗(bài):杂草名,多生于稻田中。⑥胥顾以馁:(冈与勿)面面相觑,很是气馁。胥,相互。顾,看。⑦后稷:周朝始祖,相传名弃,善于种植五谷,帝尧时,为农官,教民耕种。被认为是我国农业的发明者。⑧是女罪也:这是你们的过错。女,即"汝",第二人称代词,你们。⑨蜩螗(tiáo táng):蝉的别称。⑩芸:通"耘"。除草。⑪潦(lào)疏暵溉:水涝时及时疏通,天旱时及时浇灌。潦,同"涝"。雨水成灾。暵,热;干旱。⑫秋:禾谷熟谓之秋。意即庄稼成熟。⑬师:学习;仿效。⑭率由乃心:全凭你们个人的想法。率,一概;都。乃,第二人称代词,你们。遏天生:违背事物发展的自然规律。遏,阻遏;违背。⑮弗惩尔躬:不埋怨你们自己。惩,责罚;埋怨。躬,自身。⑯其庸有愈乎:难道还有比你们更愚蠢的吗?

神仙第十五

神 仙

尫韦①问于罗离子奇曰："或称神仙,②有诸?"曰:"有之。"曰:"何以知之?"曰:"以物。"请问之,曰:"狐,兽也;老枫,木也,而皆能怪变。人,物之灵③,夫奚为不能怪变? 故神仙,人之变怪者也。怪可有,不可常,是故天下希④焉。"

曰:"神仙不死乎?"曰:"死。"曰:"何以知之?"曰:"天以其气⑤分而为物,人其一物也。天下之物异形,则所受殊矣。修短厚薄,各从其形,生则定矣。惟神仙为能有其受,⑥而焉能加之⑦? 故物之大者一天而无二。⑧天者,众物之共父也。神仙,人也,亦子之一也。能超乎其群,而不能超乎其父也。夫如是,而后元气⑨得以长为之主;不然,则非天矣。"

【注释】

①尫(huǐ)韦:与下文罗离子奇俱为作者虚构的人物。②或称神仙:有的人被称为神仙。或,无定代词,有的人。神仙,道家谓得道成仙的人,能超脱尘世,长生不死,来去无方。③灵:有灵性者。④希:同"稀"。稀少,这里指罕见。⑤气:中国古代哲学中的一个重要概念。它是一种极其细微的物质,构成了世界万物的本原。⑥惟神仙为能有其受:指万物成形后只有神仙才能承受天之"气",而这种"气"又使其有所改变。⑦焉能加之:指神仙只能承受天之"气",却无法离开天地对自身额外有所

郁离子

加。意即神仙的一切都得之于天之"气",而非其他。⑧物之大者一天而无二:指天地万物唯有天是最大的,没有比天更大的事物。⑨元气:中国古代哲学中的一个重要概念。指产生和构成天地万物的原始物质。

贪利贪德辨

郁离子曰:贪与廉相反,而贪为恶德,贪果可有乎? 匹夫贪以亡其身,卿大夫贪以亡其家①,邦君②贪以亡其国与天下,是皆不知贪者也。知贪者,其惟圣人乎? 圣人之于仁义道德,犹小人之于货财金玉也。小人之于货财金玉,无时而足,圣人之于仁义道德,亦无时而足。是故文王、周公、孔子,皆大圣人也。文王视民如伤,③自朝④至于日中昃⑤,不遑暇食⑥。周公思兼三王以施四事,以夜继日,坐而待旦。孔子曰:"吾有知乎哉? 无知也。"⑦圣人之贪于仁义道德若是哉! 故以其贪货财金玉之心,而贪仁义道德,则昏可明,狂可哲,⑧而人弗能也。故于货财金玉则贪,而于仁义道德则廉,遂使天下之人,专名贪为恶德而恶之,则小人之罪也。

【注释】

①家:家业,这里指卿大夫的采地食邑。②邦君:即诸侯国君主。③文王视民如伤:周文王看待百姓就好像他们受了伤害一样。指周文王对百姓细心呵护,非常顾恤民众疾苦。④朝(zhāo):早晨。⑤昃(zè):日西斜,即傍晚。⑥不遑暇食:没有闲暇去吃饭。遑,闲暇。⑦吾有知乎哉? 无知也:我有知识吗? 没有啊。这里借用来说明孔子对知识及其仁义道德的不知满足。⑧昏可明,狂可哲:昏昧之人可变得明智;狂乱之人可变得贤明。哲,贤明。

论 鬼

管豹①问曰:"人死而为鬼,有诸?"

郁离子曰:"是不可以一定言之也。夫天地之生物也,有生则必有死。自天地开辟以至于今,几千万年,生生无穷,而六合②不加广也。若使有生而无死,则尽天地之间不足以容人矣。故人不可以不死者,势也。既死矣,而又皆为鬼,则尽天地之间不足以容鬼矣。故曰:人死而皆为鬼者,罔③也。然而二气之变不测④,万一亦有魂离其魄⑤而未遂散者,则亦暂焉,而不能久也。夫人之得气以生其身,犹火之着木然,魂其焰,⑥体其炭⑦也。人死之魂复归于气,犹火之灭也,其焰安往哉? 故人之受气以为形也,犹酌海于杯也,及其死而复于气也,犹倾其杯水而归诸海也,恶得而恒专之以为鬼哉⑧?"

曰:"然则人子之祀其祖父也,虚乎?"

曰:"是则同气相感⑨之妙也。是故方诸向月,可以得水;金燧向日,可以得火,⑩此理之可见者也。虞琴弹而薰风生,⑪夔乐奏而凤凰来,⑫声气之应不虚也。故鬼可以有,可以无者也。子孝而致其诚,则其鬼由感而生,否则虚矣。故庙则人鬼享,孝诚之所致也。不然,先王继绝世以复明祀⑬,岂其鬼长存而馁,乃至此而复食耶?"

【注释】

①管豹:作者虚构的人物。②六合:天地四方,意即整个宇宙的巨大空间。③罔:欺骗;虚妄。④二气之变不测:阴阳二气的变化莫测。不测,无法预料;不可知。⑤魄:原本作"魂"。⑥魂其焰:灵魂就是火焰。⑦体其炭:肉体就是炭火。⑧恶(wū)得而恒专之以为鬼哉:怎么能够得以长久而专使他变为鬼呢? 恶,疑问代词,怎么。⑨同气相感:属性相同的事物之间是会互相感应的。⑩方诸向月,可以得水;金燧向日,可以得火:方诸,古代的一种器具,用来月下承露取水。金燧,即阳燧,古代一种铜质工具,形状像镜。用来向日取火。⑪虞琴弹而薰风生:虞琴,指虞舜

所做的五弦琴。薰风,和风。⑫夔乐奏而凤凰来:相传夔奏《箫韶》能够招来凤凰。夔乐,指箫韶,本是虞舜乐名。后泛指庙堂雅乐。夔,人名,传说是尧舜时的乐官。⑬继绝世以复明祀:意思是说为已灭绝的宗祀恢复重大的祭礼。明祀,指重大的祭礼。

江淮之俗

江淮①之俗,以斗指寅、申、亥为天、地、水三官按罪锡福②之月,而致斋以邀祥③焉。满三年计之,多不得祥而得祸。

人曰:"若是乎,鬼神之渺茫④也。"郁离子曰:"果若是,则鬼神不渺茫矣。夫神,聪明而正直者也。惟其聪明也,故无蔽⑤焉;惟其正直也,故无私焉。无蔽无私,不可欺也,则亦不可媚⑥也。今择其按罪锡福之辰而致斋焉,是欺之也;焚香爇⑦烛,朝夕稽叩⑧拜跪,是媚之也。人之稍有知识者,不受欺与媚,而况于聪明正直之鬼神乎?今之致斋者非滥官污吏、奸胥悍卒,即市井豪侩⑨及巨商大贾之为富而不仁者。使⑩鬼神果有按罪锡福之典⑪,则斯人⑫也,降之祥乎?降之祸乎?故曰:若是,则鬼神不渺茫矣。"

【注释】

①江淮:长江和黄河,这里指长江与淮河之间的地区。②锡福:赐福。③致斋以邀祥:指举行诵经、拜忏等活动以祈求吉祥。④渺茫:虚妄无凭,难以置信。⑤蔽:受蒙蔽。⑥媚:献媚;讨好。⑦爇(ruò):烧;燃烧。⑧稽叩:叩头。一种礼仪。稽,叩头至地。⑨豪侩(kuài):蛮横的买卖中间人。⑩使:如果;假使。⑪典:制度;法则。⑫斯人:这些人。

岳 祠

郁离子观于岳祠①,怅然叹曰:"悲哉! 先王之道隐,而鬼神亦受人之诬②也，而况于人乎！"管豹③问曰："何也？"郁离子曰："若不闻圣人之言曰：'曾谓泰山不如林放乎？'④言泰山不享非礼之祭也。今也，又从而为之祠，形其神而配以妃，⑤不亦诬且亵⑥乎！夫人之生死，有天命焉。福善祸淫，⑦天之道也。使诚有鬼司⑧之，犹当奉若帝命，其敢受非礼之祈，而淫纵⑨其祸福于其所不当得者乎？而祠以私之⑩，是以浊世之鄙夫⑪待鬼神也，其不敬孰大焉！"

【注释】

①岳祠：指泰山的庙堂。岳，泰岳，即泰山。②诬：欺诳；欺骗。③管豹：作者虚构的人物。④林放：春秋时鲁国人，曾就教礼的本质问题求教于孔子。后来鲁国大夫季氏要祭祀泰山，在当时，只有天子和诸侯才有资格祭祀泰山，所以孔子对季氏这种"僭礼"的做法极为不满，因而责备说："泰山之神还不如林放懂礼吗？"⑤形其神而配以妃：指为山神塑像并匹配妃子。⑥亵：亵渎；轻慢。⑦福善祸淫：让善良之人得福，使淫邪之人遭祸。⑧司：主管；执掌。⑨淫纵：滥用；滥施。⑩祠以私之：修建祠堂以让鬼神偏爱自己。⑪鄙夫：庸俗浅薄之人。

天下贵大同

海岛之夷人①好腥，得虾、蟹、螺、蛤②，皆生食之。以食客③，不食则咻④焉。裸壤之国不衣，⑤见冠裳则骇，反而走以避。五溪之蛮，⑥羞蜜唧而珍桂蠹，⑦贡以为方物，⑧不受则疑以逊⑨。

郁离子曰："世之抱一隅之闻见者，何莫非是哉？是故众醉恶醒，众贪恶廉，众淫恶贞，众污恶洁，众枉恶直，众惰恶勤，众佞恶忠，众私恶公，众嫚⑩恶礼，犹鸥鶂之见人而嚇也⑪。故中国以夷狄为寇⑫，而夷狄亦以中国之师为寇，必有能辨之者，是以天下贵大同也。"

【注释】

①夷人:古代中原人对东部地区各族人的统称,带有贬义。②蛤(gé):泛指蛤蜊、文蛤等瓣鳃类软体动物。③以食(sì)客:即"以之食客",指拿生蛤等东西给客人吃。④咻(xiū):吵嚷;喧扰。⑤裸壤之国不衣:裸身国的国民不穿衣服。⑥五溪之蛮:指五溪一带的蛮族。五溪,古地名。为少数民族聚居地,位于今湖南西部和贵州东部。蛮,我国古代对南方少数民族的贬称。⑦羞蜜唧而珍桂蠹:将蜜唧、桂蠹当作美味佳肴。羞,同"馐"。指甜美的食物。蜜唧,以蜜饲的初生鼠。桂蠹,虫名,寄生在桂树上。⑧贡以为方物:作为地方特产进献给朝廷。方物,土特产。⑨逖(tì):疏远。⑩嫚(màn):傲慢无理。⑪鸱鸮(chī xiāo)之见人而嚇也:鸱鸮见了人就大怒。⑫中国以夷狄为寇:中原人把夷狄当作敌寇。中国,古代中原一带称为中国。夷,古代中原人对东方各民族的统称。狄,古代中原人对北方各民族的统称。

麋虎第十六

麋 虎

虎逐麋^①，麋奔而阚^②于崖，跃焉。虎亦跃而从之，俱坠以死。

郁离子曰："麋之跃于崖也，不得已也。前有崖而后有虎，进退死也。故退而得虎^③，则有死而无生之冀；进而跃焉，虽必坠，万一有无望之生，亦愈于坐而食于虎者也。若^④虎，则进与退皆在我，无不得已也，而随以俱坠，何哉？麋虽死而与虎俱亡，使不跃于崖，则不能致虎之俱亡也。虽虎之冥^⑤，亦麋之计得哉。呜呼！若虎可以为贪而暴者之永鉴矣！"

【注释】

①麋：动物名，毛淡褐色，雄的有角，角像鹿，尾像驴，蹄像牛，颈像骆驼。俗称四不像。②阚（kàn）：临近；逼近。③得虎："得于虎"。被猛虎捉住。④若：连词，至于。⑤冥：愚昧无知。

躁 人

昔郑^①之间有躁人^②焉，射不中则碎其鹄^③，奕不胜则啮其子^④。人曰："是非鹄与子之罪也，盍^⑤亦反而思之乎？"弗喻，卒病躁而死。

郁离子曰："是亦可以为鉴矣。夫民犹鹄也，射之者我也，射得其道则中矣;兵犹子也,行之者我也,行得其道则胜矣。致之无艺,用之无法,至于不若人而不胜其愤,恚⑥非所当恚,乌⑦得而不死?"

【注释】

①郑:周代诸侯国,辖境包括今河南北半省,指中部。后为韩国所灭。②躁人:指性情急躁的人。躁,急躁。③鹄(gǔ):箭靶的中心,泛指箭靶。④奕不胜则啮其子:输了棋就气得咬棋子。奕,通"弈"。下棋。⑤盍:何不。⑥恚:埋怨;怨恨。⑦乌:哪里。

立 教

郁离子曰:今有人焉,坐高堂之上,指使臧获①,则不得其心者十恒七八。不得其心而怒叱,左右惎之②;色与声并厉,左右承颜③而接言,惧其怒之将己迁④也,而亦以厉出之⑤。受指使者,不知吾怒之所在,则仓惶而愈乱,愈不得于吾心,则吾之怒愈加,出愈厉;承颜而接言者,亦不知吾怒之所在,以意度⑥意,愈惎而愈吾违。故小怒则小违,大怒则大违,虽以剑梃临之⑦,不能使之得吾心也。

是故君子之使人也,量能以任之,揣⑧力而劳之;用其长而避其缺,振其怠而提其蹶⑨;教其所不知,而不以我之所知责之;引其所不能,而不以我之所能尤⑩之;诲之循循,⑪出之申申,⑫不震不暴,匪怒伊教⑬。夫如是,然后惩之而不敢怼⑭,刑之而不敢怨。《诗》曰:"岂弟君子,民之父母。"⑮如是,斯可以为民之父母矣。

【注释】

①指使臧获:差遣奴婢。指使,使唤;差遣。臧获,古代对奴婢的贬称。②左右惎(jì)之:主子身边的人也都忌恨那些挨骂的奴婢。左右,指主子身边的人。惎,忌恨;憎恨。③承颜:顺从着主子的脸色。承,顺从;

奉承。④己迁:即"迁己"。指迁怒于己。⑤以厉出之:用严厉的口气训斥奴婢。出,放逐,引申为"训斥"。⑥度(duó):推测;揣摩。⑦以剑梃(tǐng)临之:拿刀剑棍棒胁制他们。剑梃,泛指刀剑棍棒等武器。临,挟制。⑧揣:忖度;估计。⑨蹶:跌倒;挫败。⑩尤:埋怨;指责。⑪诲之循循:教导别人应循循善诱。⑫出之申申:和别人说话应舒缓耐心。申申,舒和的样子。⑬匪怒伊教:教导他人不发怒。指耐心教导。匪,非。伊,句中语气词,无义。⑭怼(duì):怨恨;责怪。⑮意谓和易近人的君子是人民的父母。

应侯止秦伐周

秦起兵欲攻周①,国人皆不与②。

应侯③谓秦昭王曰:"臣之里公孙弗忌④弱其邻之老,⑤而谋食饮之⑥,衷其徒,⑦谓之曰:'彼,予邻之叟也,富而啬⑧,吾将与若⑨往食饮之。'其徒曰:'彼虽富而甚啬,其奚以食饮之⑩?'曰:'我且盗之。'其徒皆愀然⑪。明日,又欲往,其徒曰:'子之谋鄙⑫,盍更诸⑬?'曰:'我将胁而取之。'其不从者半,弗果往⑭。他日,又曰:'请以货先为之市⑮,具礼召主人而酬酢⑯之,多取物而日稽其直⑰,且速⑱其子弟以为常,不数岁,吾将竭其藏⑲,何如?'其徒皆欣然从之。夫三言者,其以不道取诸人,均也,而有从、不从焉者,避其名也⑳。今周,天下之共主也,无桀纣之恶,无辞㉑而攻之,谁甘受其名?臣固知国人之不与也。"

【注释】

①周:周朝。②与:赞同。③应侯:范雎,字叔,战国时魏人。④公孙弗忌:作者虚构的人物。⑤弱其邻之老:认为他邻居的老头软弱可欺。弱,形容词的意动用法,以⋯⋯为弱。⑥谋食饮之:谋求去他家白吃白

喝。⑦裒（póu）其徒：召集他的同党。裒，召集；聚集。徒，党徒；同党。⑧啬：吝啬。⑨若：第二人称代词，你们。⑩其奚以食饮之：用什么方法去他那里白吃白喝呢？⑪愀然：容色变动的样子，这里指为难的样子。⑫谋鄙：计谋太浅陋。鄙，浅陋。⑬盍更诸：为何不换种方法呢？⑭弗果往：果然没有去成。⑮请以货先为之市：请先用钱购买他的货物。货，货币。市，购买。⑯酬酢（zuò）：指相互敬酒。古代称主人敬酒为酬，客人还敬为酢，这里指以酒招待。⑰日稽其直：每天同他计算请客的费用。稽，计算；计较。⑱速：召；请。⑲藏：储蓄，这里指积蓄的财物。⑳避其名也：避开不好的名声。㉑辞：口实；借口。

树怨析

郁离子曰：树天下之怨者，惟其重己而轻人也。所重在此，所轻在彼，故常自处其利，而遗①人以不利，高其智以下人之能，②而不顾夫重己轻人，人情之所同也。我欲然，彼亦欲然，求其欲弗得，则争。故争之弗能，而甘心以上人③者，势有所不至，力有所不足也，非夫人之本心也。势至力足，而有所不为，然后为盛德④之人。虽不求重于人，而天下之人莫得而轻之，是谓不求而自至。今人有悻悻自任者⑤，矜其能以骄，⑥有不自己出，则不问是非，皆以为未当，发言盈庭⑦，则畏之者唯唯⑧，外之者默默⑨焉，然后扬扬乎自以为得，而不知以其身为怨海⑩，亦奚益哉！昔者智伯⑪之亡也，惟其以五贤陵人⑫也。人知笑智伯，而不知检⑬其身，使亡国败家接踵相继，亦独何哉！

【注释】

①遗：给予。②高其智以下人之能：通过贬低别人的才能来抬高自己的才能。③上人：以人为上。指推尊他人，自居其下。④盛德：品德高

尚。⑤悻悻(xìng)自任者:指刚愎自用的人。自任,只相信自己。⑥矜其能以骄:凭仗他的才能而骄傲自大。⑦盈庭:又作"盈廷",指充满朝廷。⑧唯唯:应答声,表恭敬。⑨外之者默默:排斥他的人则缄默不语。外之者,疏远他的人;排斥他的人。默默,缄口不语。⑩怨海:怨恨的海洋,指成为怨恨的集中地。⑪智伯:人名,春秋时晋国大夫。⑫以五贤陵人:依仗身具"五贤"来欺凌人。陵,通"凌"。欺凌;凌驾。⑬检:约束;限制。

唐蒙与薛荔

唐蒙与薛荔①俱生于松、朴之下,相与谋所丽②。

唐蒙曰:"朴不材木③也,荟而翳④。松根石髓而生茯苓,⑤是惟百药之君,神农之雨师⑥食之以仙;其膏⑦入土,是为琥珀⑧,爰与水玉、琅玕同为重宝⑨。其干耸壑而干霄,⑩其枝樛流⑪,其叶扶疏⑫,爰有百乐弦管之音⑬。吾舍是无以丽矣。"

薛荔曰:"信美,⑭然由仆观之,不如朴矣。夫美之所在,则人之所趋也。故山有金则凿,石有玉则劚⑮,泽有鱼则竭,薮有禽则薙⑯。今以百尺梢云之木,不生于穷崖绝谷、人迹不到之地,而挺然于众觊⑰,而又曰有伏苓焉,有琥珀焉,吾知其戕⑱不久矣。"乃褰⑲而附于朴,钻蛴螬⑳之穴,以入其条,缠其心而出焉,于是朴之叶不生,而柯枚条干㉑,悉属于薛荔,中虚而外皮索,㉒箨如㉓也。

岁余,齐王使匠石㉔取其松,以为雪宫㉕之梁,唐蒙死,而薛荔与朴如故。

【注释】

①唐蒙与薛荔:植物名,常缠附在其他植物之上。②谋所丽:谋求缠附的地方。丽,依附;附着。③不材木:不成材的树。④荟而翳:枝叶茂

156

密而可遮蔽阳光。荟，丛生，引申为枝叶茂密。⑤松根石髓而生茯苓：指松树的根深扎在石头里并生产出茯苓。茯苓，一种菌类植物，寄生在松树根部，形状像甘薯，可入药。⑥雨师：古代传说中掌管降雨的神。⑦膏：浓稠的糊状物。这里指松树脂。⑧琥珀：松柏树脂的化石，可用作装饰品。⑨爰与水玉、琅玕（láng gān）同为重宝：指琥珀与水晶、琅玕等同为至宝。爰，助词。无义。常用在句首，起调节语气的作用。水玉，水晶。琅玕（láng gān），一种似珠玉的美石。⑩其干耸壑而干霄：它的树干耸立在山谷中，直冲云霄。干霄，直入云霄。⑪樛（jiū）流：盘曲。⑫扶疏：枝叶繁茂纷披貌。⑬爰有百乐弦管之音：（树叶摇荡）如同各种各样乐器奏起的乐曲声。⑭信美：确实很好。信，确实，果真。⑮劚（zhǔ）：斫；砍。⑯薮有禽则薙（tì）：草野中若有禽鸟就会被割除。薮，草野。薙，割除。⑰觌（dí）：视；见。⑱戕：被砍伐。⑲裹：缭绕；缠绕。⑳蛴螬（qí cáo）：金龟子的幼虫，这里泛指蛀虫。㉑柯枝条干：枝杈和树干。㉒中虚而外皮索：树心中空且树皮脱落。中虚，即树的内部空虚。索，离散貌。㉓箨（tuò）如：如同竹笋皮。㉔匠石：古代巧匠，名石。这里泛指木匠。㉕雪宫：战国时齐国的宫殿名。

荆人畏鬼

荆人①有畏鬼者，闻②槁叶之落与蛇鼠之行，莫不以为鬼也。盗知之，于是宵窥其垣③，作鬼音，惴弗敢睨④也。若是者四五，然后入其室，空其藏⑤焉。或侜⑥之曰："鬼实取之也。"中心惑而阴然之⑦。无何，其宅果有鬼。由是物出于盗所，⑧终以为鬼窃而与之，弗信其人盗也。

郁离子曰："昔者，赵高之潜蒙将军也，⑨因二世之畏而微动之，二世之心疑矣。⑩乃遏其请以怒恬⑪，又煽其愤以激帝；知李斯之有谏也，则揣其志而先宣之，⑫反复无不中；于是君臣之猜不可解。虽谓之曰：'高实为之。'弗信也。故曰：'谗不自来，因疑而来;间⑬不自入,乘隙而入。'由其明之先蔽也。⑭"

【注释】
①荆人:楚人。荆,春秋时楚国的旧称。②闻:听见。③宵窥其垣:
夜晚躲在矮墙外窥视。窥,暗中偷看。垣,指矮墙。④惴弗敢睨:因恐惧
而不敢看。惴,害怕;恐惧。睨,视。⑤空其藏:把他室内所藏之物全部
偷空。⑥侜(zhōu):诳骗。⑦阴然之:私下里认为是对的。⑧由是物出
于盗所:因此自家的财物出现在小偷的住所。⑨赵高之谮(zèn)蒙将军
也:赵高诬陷大将蒙恬。⑩因二世之畏而微动之,二世之心疑矣:利用秦
二世对蒙恬的畏惧而暗中挑动,进而使秦二世对蒙恬心生怀疑。⑪遏其
请以怒恬:阻遏蒙恬的请示以使蒙恬发怒。遏,阻遏;断绝。⑫知李斯之
有谏也,则揣其志而先宣之:知道李斯要进谏,就先揣测其进谏的内容,
且在秦二世面前说破。⑬间(jiàn):挑拨离间。⑭由其明之先蔽也:是由
于其明察之心早先就被蒙蔽了。

赏　爵

郁离子与艾大夫偕谋盗①。士有俘盗以请赏者,予之金,不愿,
而请爵②。

大夫不可,郁离子请予之。大夫曰:"爵,王章③也,弗可
滥也。"

郁离子曰:"大夫之言是也。然吾尝观于圃人④矣,果实之未
摘,虽其家人不敢求尝焉。及其既摘而余,则蚊蚋皆聚而咂之⑤矣。
汉曲之处女,⑥色若朝虹,观者慕之,不敢求也。一旦归于倡家,则
儇子⑦、侻夫⑧、庸奴、贱皂⑨之有金者,皆得而觊之⑩。今朝廷之尊
爵,大盗得之,士之有耻者弗欲仕⑪矣,而犹有愿者,未之思也,矧
敢靳乎⑫?北鄙⑬之獠人⑭,以肉豢狗,而怒其子之窃食其胾⑮,于是

室家离心。子必悔之。"

【注释】

①谋盗：商量捕盗之法。②爵：爵位。这里指官位。③王章：指君王的法规制度。④圃人：种菜的人，即菜农。⑤蚊蚋(ruì)皆聚而咂之：蚊虫之类全都聚集去吮吸果汁。蚊蚋，即蚊子。咂，叮咬；吮吸。⑥汉曲之处女：指汉水之滨的处女。汉，即汉水，水名，为长江最长的支流。曲，水曲流处。处女，指待字闺中，未曾有过性行为的女子。⑦儇(xuān)子：指轻佻习巧的男子。⑧佻(tiāo)夫：轻佻之人。⑨贱皂：低贱之人。皂，古代对奴隶或差役等的贱称。⑩皆得而觊(jì)之：指凡是有钱人都可对沦为娼家的女子有所企图。觊，企图。⑪有耻者弗欲仕：有着耻心的人就不想当官了。⑫矧(shěn)敢靳乎：何必吝惜呢？意即大可不必吝惜爵位。矧，况且。靳，吝啬；吝惜。⑬北鄙：北方边境。鄙，边远地区，边境。⑭獠(liáo)人：即仡佬族，这里是对该少数民族的侮辱性称谓。⑮膋(liáo)：肠子上的脂肪。

羹藿第十七

羹　藿

郑子叔①逃寇于野,野人羹藿以食之,②甘。归而思焉,采而茹③之,弗甘矣。

郁离子曰:"是岂藿之味异乎？人情而已④。故有富而弃其妻,贵而遗其族者,由遇而殊之也⑤。昔楚昭王出奔而亡其屦⑥,使人求之以百金,曰:'吾不忘其相从于患难之中也。'故论功而未及者皆不怨,非术⑦也,诚之感也⑧。"

【注释】

①郑子叔:作者虚构的人物。②野人羹藿(huò)以食之:农夫将粗糙的食物给他充饥。野人,乡野之人,即农夫。羹藿,把豆叶煮成汤,后泛指粗食。以食之,给他吃。③茹:吃,吞咽。④人情而已:人的处境和心情不同罢了。⑤由遇而殊之也:由于境遇变化而有所不同的缘故。⑥昔楚昭王出奔而亡其屦(jù):从前楚昭王在逃亡过程中丢失了鞋子。⑦术:权术,手段。⑧诚之感也:至诚感动了人。

大　智

郁离子曰:人有智而能愚者,①天下鲜哉。夫天下鲜不自智②之人也,而不知我能,人亦能也。人用智而偶获③,遂以为我独④,

于是乎无所不用,及其久也,虽实以诚行之,人亦以为用智也,能无穷乎?故智而能愚,则天下之智莫加⑤焉。鬼神之所以神于人者,以其不常也。惟不常⑥故不形⑦,不形故不可测。人有作为不可测者,自以为不可测,而不知其为人所测。故智不自智,⑧而后人莫与争智。辞其名,受其实,天下之大智哉。

【注释】

①人有智而能愚者:有智慧而能藏拙的人。即指大智若愚之人。②自智:自以为聪明。③偶获:偶然获得了成功。④独:独有,只有自己具备。⑤加:超过。⑥不常:不固定。⑦不形:没有形体。⑧故智不自智:因此有智慧而不以智者自居。

安期生

安期生①得道于之罘之山②,持赤刀以役虎,③左右指使,进退如役小儿。东海黄公④见而慕之,谓其神灵之在刀焉,窃而佩之。行,遇虎于路,出刀以格⑤之,弗胜,为虎所食。

郁离子曰:“今之若是者众矣。蔡⑥人渔于淮,得符文之玉,⑦自以为天授之命,乃往入大泽,集众以图大事,事不成而赤⑧其族,亦此类也。”

【注释】

①安期生:秦朝方士,号抱朴,传其得道成仙。②之罘(fú)之山:即芝罘山,山名,在今山东省烟台市福山区境内。③持赤刀以役虎:手持宝刀驱役老虎。赤刀,宝刀。相传周武王伐纣时所用的就是赤刀。④东海黄公:东海,古郡名,秦置,治所在今山东郯城北。黄公,人名。⑤格:搏斗;打斗。⑥蔡:周朝诸侯国名,辖境约在今河南驻马店上蔡县一带。后

为楚国所灭。⑦得符文之玉：得到刻有符篆文字的玉石。⑧赤：诛灭。

行币有道

或问于郁离子曰："币之不行，而欲通之，有道①乎？"

郁离子曰："在治本。""何谓治本？"曰："币非有用之物也，而能使之流行者，法也。行法有道，本之以德政，②辅之以威刑，使天下信畏，然后无用之物可使之有用。今盗起而不讨，民不知畏信，法不行矣，有用之物且无用矣，而况于币乎？如之何其通之也③！"

【注释】

①道：办法。②本之以德政：以推行德政作为根本。③如之何其通之也：像这样，又怎么能流通呢？

重　禁

郁离子曰："天下之重禁①，惟不在衣食之数者可也。故铸钱造币，虽民用之所切②，而饥不可食，寒不可衣，必藉主权以行世③，故其禁虽至死，而人弗怨，知其罪之在己也。若盐，则海水也。海水，天物④也，煮之则可食，不必假⑤主权以行世，而私之以为己⑥，是与民争食也。故禁愈切而犯者愈盛，曲不在民矣。"

或曰："若是，则数罟不入洿池，⑦斧斤以时入山林，⑧先王之禁亦过⑨？"曰："先王之禁，非奄⑩利而私之也，将育而蕃之，以足民用也，其情异矣。矧百亩之田，无家不受，而不饥不寒乎！"

【注释】

①重禁：指严厉的禁令。②所切：迫切需要的东西。③必藉主权以

行世：必定要借助国家的权力才能使币在世上流通。藉，依托；借助。④天物：天然的物产。⑤假：依靠；借助。⑥己：自己，这里指朝廷。⑦数罟不入洿（wū）池：意谓细密的鱼网不要拿到池塘中去捕鱼。数，细密。罟，泛指鱼网。洿池，池塘。⑧斧斤以时入山林：意谓按照一定的时令去砍伐树木。⑨过：过分。⑩奄：覆盖；全部占有。

七 出

或问于郁离子曰："在律，妇有七出①，圣人之言与？"

曰："是后世薄夫②之所云，非圣人意也。夫妇人，从夫者也。淫也，妒也，不孝也，多言也，盗也，五者天下之恶德也，妇而有焉，出之宜也。恶疾之与无子，③岂人之所欲哉？非所欲而得之，其不幸也大矣，而出之，忍④矣哉。夫妇，人伦⑤之一也。妇以夫为天，不矜⑥其不幸而遂弃之，岂天理哉？而以是为典训⑦，是教不仁以贼人道⑧也。仲尼没而邪辞作，⑨惧人之不信而驾⑩圣人以遂其说。呜呼！圣人之不幸而受诬也，久矣哉！"

【注释】

①七出：中国古代丈夫休弃妻子的七种理由。《孔子家语·本命解》："七出者：不顺父母者，无子者，淫僻者，嫉妒者，恶疾者，多口舌者，窃盗者。"出，遗弃；休弃。②薄夫：薄情之人。③恶疾之与无子：难以医治的疾病和不生育子女。④忍：残酷。⑤人伦：儒家所规定的人与人之间的关系。即所谓的"父子有亲，君臣有义，夫妇有别，长幼有序，朋友有信"。⑥矜：同情。⑦典训：指准则性的训示。⑧是教不仁以贼人道：这是教育人们不仁不义，毁坏为人之道。贼，毁坏；伤害。⑨仲尼没（mò）而邪辞作：孔子死后邪说泛滥。没，通"殁"，死亡。邪辞，邪说，指不合正道的言论。⑩驾：扯上；依托。

九难①第十八

郁离子冥迹山林,友木石而侣猿猱,②茅径不开,草屋萧然。随阳公子过焉,③坐定,公子作④而言曰:"仆不佞⑤,窃闻先生矣,今幸得觐玉色,⑥趋下风⑦。仆闻有道之士,不遗刍荛之言,⑧愿有陈⑨焉,先生肯听之乎?"郁离子曰:"唯唯,⑩愿奉教。"

【注释】

①九难(nàn):本赋通过对随阳公子鼓动郁离子追求诸如饮食、园林、富贵、修道等人间美事而招致郁离子否定的叙述。因赋的正文共讲述了九件事,故名《九难》。难,责难;诘问。②友木石而侣猿猱(náo):把树木和山石当作朋友,把猿猴当作伴侣。③随阳公子过焉:随阳公子造访郁离子。随阳公子,作者虚构的人物。过,造访。④作:站起来,以示尊敬。⑤不佞:谦辞,犹"不才"。⑥今幸得觐(tiào)玉色:如今有幸见到您的尊容。觐,相见。玉色,犹言尊颜,对他人容貌的敬称。⑦趋下风:谦辞,处于卑位。⑧不遗刍荛(ráo)之言:不遗弃浅陋的见解。刍荛,本指割草采薪之人。后用以指代草野之人的浅陋见解。多为谦辞。⑨陈:陈说。⑩唯唯:表同意的应诺声。

难 一

公子曰:"夏屋耽耽,①缭以周垣②;广庭砥平③,翼以飞楼④。突室留春,⑤清馆含秋。高楣褐辕以翚骞,⑥曾甍驳沓以云浮⑦。虹芳檀以承衡,⑧兽苍珉以负楹⑨;浮柱⑩错落以星罗,碧瓦流离而水波[11]。天华卉晤而冬敷[12]，秀木修森以夏凉。流景入而成霞，[13]潜籁[14]动以生风。晃兮如阊阖之开，[15]忽兮若管弦之音[16]。于是乎曼目蛾眉[17]，窈窕成行。曳结烟之翠绡，[18]鸣锵泉之玉珰[19]。众乐张，华筵[20]启；肆金尊，[21]澄芳醴[22]。炮羔击牛，[23]烹麃炰鹿[24]；胹玉珧，[25]臛比目[26]。脍跃湍之鲂，[27]炙拂云之鹄[28]；羹月窟之兔肺，[29]胹[30]雾谷之豹胎。和以麟髓之酥，[31]芼以赪桂之荑[32]。果则碧华之莲，紫英之梨；霜柑盎蜜[33]，丹荔凝脂；曼倩之桃若壶，[34]安期之枣如瓜[35]。膻肥既饫，[36]清臑乃荐[37]。践笙箫，[38]行组练，[39]迅翔鹍，矫轻燕。[40]熺金釭与绮烛，[41]激妆艳以过电[42]。良宵欲终，娱乐未足。鸡胶缪[43]以叫晨，留嘉宾以终曲。吾愿与先生同之。”

郁离子曰：“《夏书》曰：‘酣酒、嗜音、峻宇、雕墙，有一于此，未或不亡。’仆不愿也。”

【注释】

①夏屋耽耽：大屋深邃。夏屋，大屋。耽耽，深邃的样子。②缭以周垣：四周围墙环绕。③砥(dǐ)平：平坦如砥。砥，磨刀石，引申为平坦。④翼以飞楼：高楼整齐铺列，犹如鸟翼相覆。翼，鸟的翅膀。飞楼，高楼。⑤突室留春：高耸的房子内春意盎然。⑥高櫩(yán)楬(jié)巘(niè)以翚(huī)骞：高耸的屋檐下走廊上的木柱犹如彩禽疾飞。櫩，指檐下的走廊。楬，做标记用的小木桩。巘，高貌。翚，鼓翼疾飞。骞，飞起。⑦曾甍(méng)馺(sà)沓以云浮：高高的屋脊层层叠叠宛如游动的云彩。曾，通“层”。重叠貌。甍，指屋脊。馺沓，前后相继，源源不断，引申为盛多貌。⑧虹芳檀以承衡：彩虹般的香檀木承载着屋梁。⑨兽苍珉以负楹：雕刻着年兽的苍青色玉石承负着厅堂前的柱子。珉，一种似玉的美石。⑩浮柱：梁上柱。⑪碧瓦流离而水波：青绿色的琉璃瓦光彩纷繁，如同荡漾的水波。流离，光彩纷繁的样子。⑫天华卉晤(wěi)而冬敷：飘雪覆盖着大地，洁白一片。天华，美妙的花，这里指雪。卉晤，光盛的样子。⑬流景(yǐng)入而成霞：屋宇闪耀着光彩，与晚霞连成一片。流景，光彩闪

耀。⑭潜籁：深藏在孔穴中的声音。⑮晃兮如闾阖之开：亮晃晃的仿佛大门打开。晃，明亮貌。闾阖，传说中的天门。后泛指大门。⑯忽兮若管弦之音：忽隐忽现仿佛如吹弹乐器发出的声音。管弦，即管乐器和弦乐器。泛指乐器。⑰曼目蛾眉：柔美的眼睛，美丽的眉毛。这里指代貌美的女子。⑱曳结烟之翠绡：拖着如同云烟般的翠绿色薄纱。结烟，用烟雾来形容纱之轻柔。绡，生丝织成的薄纱。⑲鸣锵泉之玉珰：佩戴的玉饰耳环发出犹如泉水般铿锵动听的鸣响。珰，古时女子的耳饰。⑳华筵：丰盛的筵席。㉑肆金尊：陈设上精致的酒杯。㉒澄芳醴：芳香的美酒清澈透明。澄，清澈。醴，美酒。㉓炮羔击牛：烹羊杀牛。炮，一种烹饪方法。㉔烹麑(jǐ)焯(xún)鹿：烧煮鹿肉。麑，鹿类动物，体形较小。焯，用开水去毛。㉕脧(juàn)玉珧(yáo)：把海蚌做成少汁的羹。脧，少汁的羹，这里用作动词，指做成少汁的羹。玉珧，蚌类，其肉柱为海味珍品。㉖臛(huò)比目：把比目鱼做成鱼肉羹。臛，肉羹，这里用作动词，指做成鱼肉羹。㉗脍跃湍之鲂：细切在急流中跳跃过的鲂鱼。脍，指细切鱼肉。㉘炙拂云之鹄：烧烤在云端飞翔过的天鹅。鹄，即天鹅。㉙羹月窟之兔肺：把月宫里玉兔的肺做成肉羹。㉚胹(ér)：煮。㉛和以麟髓之酥：把麒麟的骨髓调和成奶酪。㉜芼(mào)以赪(chēng)桂之葟(tí)：把红桂的嫩芽相拌和。芼，杂；拌和。赪，红色。葟，指草木萌生的嫩芽。㉝盐蜜：如蜜般甘甜。㉞曼倩之桃若壶：曼倩，即东方朔，字曼倩。据说西汉东方朔喜欢吃桃子，所吃的桃子其大如壶。㉟安期之枣如瓜：安期，即安期生，传说中的神仙。据说安期生吃巨枣，大如瓜。㊱膻肥既饫(yù)：美味的荤食已经吃饱。饫，足；饱。㊲清脆(cuì)乃荐：脆嫩的食物又呈献上来。脆，同"脆"。清脆。荐，呈献，陈列。㊳践笙箫：踏着音乐的节拍。㊴行组练：跳起欢乐的舞蹈。组练，指丝带，跳舞时所用。㊵迅翔鹍(kūn)，矫轻燕：舞蹈动作之迅捷如同飞翔的鹍鸡，矫健宛如轻灵的燕子。鹍，一种大鸟，形似鹤。㊶熺(xī)金釭(gāng)与绮烛：金灯、花烛齐放光明。熺，同"熹"。发出光焰。㊷激妆艳以过电：艳丽的妆扮让人如电击般眼前一亮。㊸胶(jiǎo)嘹(liáo)：鸡鸣清彻。胶，胶胶，鸡鸣声。嘹，声音清彻。

难　二

公子曰：“百顷之园，树以美木繁华^①，环以曲沼清池。黑石白沙，黝黝冥冥，^②岩岩亭亭，^③密密堂堂，^④畜阴泄阳^⑤。木则女贞石楠，合欢棕榈，桐柏枫栌，椒桂杉榆；叶如车轮，实若垂珠；春禽嘤鸣而相求，夏虫鼓腋^⑥以呼秋；朝阳发旭以摅虹，^⑦夕岚凝晖而欲流^⑧。草则鼠姑^⑨玫瑰，芎兰茝衡，^⑩茭蒋蒲菰，^⑪苹萍浮生^⑫；丹苕抱木以垂翘，^⑬薜荔缘崖以舒荣^⑭，蔚披离以芬缊，^⑮激迅飚以扬馨^⑯。鸟则白鹇^⑰黄莺，翠鹬锦鸡^⑱。敷羽翰，^⑲摛文章，^⑳韡韡煌煌，^㉑若彤霞之间霱云^㉒。鱼则赤鲤白鲦^㉓，鳜鲫鲦鲨^㉔；斑鳞紫鳍，^㉕吹澜生华^㉖。于是乎翠盖^㉗飘摇，文鹢委蛇^㉘，嘉朋远至，冠佩^㉙追随：憩芳亭^㉚，酌琼卮^㉛；携佳人，泛涟漪；扰凫鹭^㉜，发棹讴^㉝；钓游鲭^㉞，弋^㉟潜龟；奏艳歌，赋新诗；邀姮娥^㊱于洞房，累日夕而忘归。吾愿与先生共之。”

郁离子曰：“仲尼曰：‘乐佚游，乐燕乐，损矣。’^㊲仆不愿也。”

【注释】

①繁华：又作“繁花”，指繁盛的鲜花。②黝黝冥冥：幽深黑暗。黝，黑色。③岩岩(tiáo)亭亭：高耸的样子。④密密堂堂：茂密而盛大的样子。⑤畜(xù)阴泄阳：掩阴蔽阳。指绿树成荫，池沼环绕，暑气被遮挡在外，尤为凉爽。畜，贮存，积聚。⑥鼓腋：振翅。鼓，拍打。⑦朝阳发旭以摅(shū)虹：朝阳散发出光亮，宛如舒展的彩虹。旭，光；光亮。摅虹，舒布彩虹。⑧夕岚凝晖而欲流：傍晚山间的雾气凝结，犹如流淌的霞光。⑨鼠姑：牡丹的别名。⑩芎(xiōng)兰茝(chǎi)衡(héng)：四种香草名。⑪茭蒋(jiāng)蒲菰(gū)：俱指茭白。⑫苹萍浮生：苹萍漂浮在水上。⑬

丹苕抱木以垂翘：绚丽的凌霄花攀附着树木，宛如鸟的长尾一样地倒垂。苕，即凌霄，一种草，蔓生。⑭薜荔缘崖以舒荣：木莲攀附在山崖上，绽放出美丽的花朵。薜荔，植物名。木莲的别名。荣，泛指草木的花。⑮蔚披离以梣缡(chēn lǐ)：草木繁盛茂密，枝叶分披。蔚，草木繁茂。披离，散乱的样子。⑯激迅飚(biāo)以扬馨：狂风吹起，飘来阵阵馨香。迅飚，暴风，狂风。⑰白鹎(zhuó)：鸟名。又叫银雉。⑱翠鹬(yù)锦鸡：鸟名。翠鹬，即翠鸟。锦鸡，形状似雉，多饲养以供赏玩。⑲敷羽翰：舒展翅膀。羽翰，指翅膀。⑳摛(chī)文章：舒展出绚丽的色彩。摛，散布，舒展。文章，错杂的花纹或色彩。㉑韡韡(wěi)煌煌：华美明亮的样子。韡韡，光彩美盛貌。煌煌，明亮貌。㉒若彤霞之间矞(yù)云：犹如红霞间以彩云。矞云，彩云，古代以为吉兆。㉓白鲦(tiáo)：一种小白鱼，生于淡水中。㉔鳜(guì)鲫鲦(tiáo)鲨：四种鱼名。㉕斑鳞紫鳍：鱼鳞斑斓、鱼鳍紫色。㉖吹澜生华：鱼儿在水中泛起波澜，仿佛鲜花盛开。㉗翠盖：用翠鸟羽毛装饰而成的车篷，后泛指华丽的车辆。㉘文鹢(yì)委蛇(yí)：华丽的游船曲折前行。鹢，即鹢鸟，水鸟名。形如鹭而大。文鹢，指在船首画鹢鸟之形。后借指船。委蛇，曲折前行。㉙冠佩：指古代官吏的冠和佩饰，这里指代嘉宾。㉚憩芳亭：在方亭下休憩。㉛琼卮：琼玉似的酒杯，这里指代美酒。卮，古代一种盛酒的器皿。㉜凫鹥(yì)：凫和鸥。泛指水鸟。㉝发棹(zhào)讴：划动船桨，唱起歌儿。棹，泛指划船工具。㉞鲭(qīng)：即青鱼。㉟弋(yì)：一种箭，常拴着绳子，用来射鸟。这里指用鱼线钓龟。㊱姮(héng)娥：嫦娥，传说中的月中女神。这里指代美女。㊲乐佚游，乐燕乐，损矣：意谓以游荡忘返为快乐，以饮食荒淫为快乐，便有害了。

难　三

公子曰："五都之市，①列肆②千区；三川之衢，③大车千辆；二江之津，④舳舻⑤千艘。家僮万人，分方逐利⑥。西极岷陇河源⑦，康居大宛，⑧出马渥洼⑨，流玉昆仑⑩；东穷日本扶桑，⑪玄菟乐浪，⑫海岱青徐，⑬三韩扶余⑭；南尽百粤七闽，⑮蒙诏徭氓，⑯穿胸交趾，⑰鲛室蜃市⑱；北陟无间代恒，⑲阴山北庭，⑳卑耳孤竹，㉑万里沙漠，掇天琛，㉒拾坤珍㉓。山藏谷韫㉔之英，蜚潜动植㉕之精，莫不悉致而毕陈㉖。爰有吉量驿骎，㉗苍兕文犀，㉘足蹑电而追风，角纳象以成形㉙。火齐㉚玫瑰，琼瑶璆琳，㉛琪树琅玕，㉜王母㉝所栽。备五色，含八音，璀璨珑璁㉞，睒闪虎睛㉟。獥狪㊱旄牛，师㊲类之毛，鬖髿披蓑，㊳以纛以缨㊴；珊瑚海柏㊵，若木非木，若玉非玉，萧森橑索，㊶葩柸簭落，㊷其采有赩㊸。沉檀罗縠，㊹脑麝㊺之香，郁烈芬芳，苾茀郁馧㊻。螺甲龙涎，㊼腥极返馨。钟乳丹沙㊽，金芽石英，㊾炼而服之，变为神仙。水晶玻璃，辟㊿暑清尘；琉璃木难(51)，的烁晖光(52)。豆蔻(53)胡椒，荜拨丁香，(54)杀恶诛臊，易牙所珍(55)。甘蕉木绵，(56)香葛兜罗，(57)柔暖轻凉，寒暑攸宜(58)。翡翠鹔鹩，(59)彩羽绣翰(60)。玳瑁(61)之龟，蜡质漆章(62)。鼠毛之布，(63)焚之炎炎，振之如霜(64)。丹虾(65)之须，劲若抽虹，焕烂晶荧，(66)望之欲流，抚之不濡(67)。玄象(68)之牙，厥大盈舟。狼虎熊罴(69)，青貂白狐，文狨(70)青狸，赤豹之皮，猘猢蜼貄，(71)修毛鬈鬛(72)，嫜蚺蒙茸，(73)洵美且温(74)。驰毳羔绒，(75)细若游丝，软若春绵。丹参紫芝，(76)地胆天麻，(77)灵药千名，神农所尝，起死回生，旋阴斡阳(78)。蜀锦戎毡，(79)越纸齐纨，(80)跨海逾山，转致流通(81)。自北自东，自西自南，所至成市(82)，所止成廛(83)。于是乎镵山出金(84)，煮海收盐；千锸穿崕，(85)声翻九幽(86)；万灶歊烟(87)，结为苍云。鳋艇蛮舠，(88)出没风涛。罔鳎鲹，(89)曳鲤鲢，举赤鱬，(90)络氐人，(91)钩鼋鼍(92)，缯鳊虾，(93)止水母，(94)凿蛎蚝，(95)擒化鲲(96)，絷翔鳐(97)；簎鲔鹿鲕，(98)牵鲖罜鲈，(99)系鲟引鳇，(100)掣鳄连鲛(101)。枕丁胶乙，(102)兼取并积：镞骨皮箙，(103)磨鳞刮甲；齿牙锋锷，(104)以函以戟(105)；瓮鲊乘鳙，(106)其利什百(107)。其重宝则有径寸之珠，方尺之璧：腾光吐璟，(108)闪日烁月，(109)匣不能闳(110)，土不能蚀；可以易祸回祥，倾城夺国。吾愿与先生致之(111)。"

郁离子曰："传曰：'象有齿以焚其身，贿也。'(112)仆不愿也。"

【注释】

①五都之市:规模宏大的都市。夏制,一都包括十邑。②肆:商铺。
③三川之衢:三川流域的大道上。三川,西周将泾、渭、洛称为三川。东
周将河、洛、伊称为三川。衢,指四通八达的道路。④二江之津:二江的
渡口。二江,说法不一,或指四川境内郫江、流江。或谓长江流经葛洲坝
和西坝两个洲之间的部分。津,渡口。⑤舳舻(zhú lú):首尾相接的船
只。这里泛指船。⑥分方逐利:分头去经商牟利。分方,犹言分头。逐
利,牟取暴利,特指经商。⑦岷陇河源:西面可到达岷山、陇山及黄河源
头。⑧康居(qú)大宛(yuān):两者皆为古西域国名。以产良马著称。
⑨渥(wò)洼:古水名。位于今甘肃省安西县境内,相传盛产神马。⑩昆
仑:即昆仑山,以盛产美玉著名。⑪东穷日本扶桑:向东可达日本、扶桑。
东穷,向东穷尽至。扶桑,古代东方国名。⑫玄菟(tù)乐浪:两者皆为古
郡名,汉武帝所置。古址在今朝鲜一带。⑬海岱青徐:指渤海、泰山、青
州、徐州。⑭三韩扶余:朝鲜和扶余国。三韩,汉时朝鲜有马韩、辰韩、弁
辰(三国时亦称弁韩)三个小国,合称三韩。扶余,古国名。古址在今松
花江平原上。⑮南尽百粤七闽:向南最远可到达百粤、七闽之地。⑯蒙
诏(zhào)徭(yáo)氓:指南方少数民族聚居之地。⑰穿胸交趾:穿胸,传
说中的民族名。这里指该民族所居之地。交趾,原为古地区名,后泛指
五岭以南。⑱鲛室蜃(shèn)市:指海中仙境。鲛室,即"鲛人之室"。鲛
人,传说中的人鱼。蜃市,指海市蜃楼。⑲北陟(zhì)无闾(lú)代恒:向北
可跋涉到辽东、代北、恒山。⑳阴山北庭:阴山、塞北。阴山,山脉名。北
庭,古谓匈奴北单于的朝廷,后泛指塞北少数民族所统治之地。㉑卑耳
孤竹:地在北方。卑耳,古山名,在今山西平陆县境内。孤竹,古国名,古
址在今河北省卢龙县。㉒掇(duō)天琛(chēn):指拾取天然的珍宝。
掇,拾取。琛,珍宝。㉓坤珍:大地盛产的珍宝。㉔韫(yùn):藏;蕴藏。
㉕蜚潜动植:飞鸟、游鱼、动物及植物。这里泛指一切生物。㉖陈:陈列,
这用用"供观赏享用"之意。㉗爰有吉量(liáng)骒騠(tuó xī):有名为吉

量、骥骤的良马。爰,语气助词,用于句首或句中,无义。吉量,传说中的神马。骥骤,传说中的野马。㉘苍兕(sì)文犀:均为兽名。苍兕,传说中的水兽。文犀,有花纹的犀角,这里指代犀牛。㉙角纳象以成形:大概指兽角很名贵,只有吸纳日月星辰之精华方能形成。㉚火齐(jì):即"火齐珠",传说中的一种宝珠。㉛琼瑶璆(qiú)琳:皆是美玉。㉜琪树琅玕(láng gān):指玉树和宝石。琪树,神话中的玉树。琅玕,指美石。㉝王母:指西王母,古代传说中的女天神。㉞珑璁(lóng cōng):又作"璁珑",明洁光亮的样子。㉟睒(shǎn)闪虎睛:犹如虎眼般闪烁。这里用以喻玉石光芒万丈。睒,闪烁。㊱獓㹜(áo yè):传说中的猛兽。㊲师:通"狮"。㊳鬖鬌(sān suō)披蓑:毛发下垂犹如身着蓑衣一般。鬖鬌,毛发下垂貌。㊴以纛(dào)以缨:用它们来做饰物。纛、缨,均为饰物。㊵海柏:海榴。一种石榴。这里当指一种形似石榴树的珊瑚。㊶萧森檫索:指珊瑚、海柏没有叶子,仿佛凋落的树木。萧森,草木凋零衰败的样子。檫索,好像檫树般树叶凋零。檫,檫树,一种落叶乔木,木材坚韧耐湿,可用来造船、制造家具等。㊷葩柂箨(tuò)落:指珊瑚、海柏无花,就像剥竹笋壳般花瓣掉落。葩柂,花枝。箨,竹笋壳。㊸赩(xì):指火红色。㊹沉檀罗縠(hú):指用沉香、檀木两种香料熏成的轻软纱绸。罗,薄而透气的丝织品。縠,绉纱一类的丝织品。㊺脑麝:龙脑与麝香,均为香料名。㊻苾(bì)茀(fú)馚氲:香气浓郁四溢。馚氲,同氛氲,香气弥漫貌。㊼螺甲龙涎(xián):指螺的甲壳和龙的唾液。㊽钟乳:即钟乳石。丹沙:朱砂。㊾金芽石英:均为矿物名。㊿辟,同"避",躲避。51木难:又作"莫难"。一种宝珠的名字。52的(dí)烁晖光:鲜明闪光。的烁,鲜明,光亮貌。53豆蔻:植物名。54荜(bì)拨丁香:均为植物名。55易牙所珍:易牙所珍爱。易牙,古人名。春秋时齐桓公宠臣,长于烹调,以"知味"闻名于世。56甘蕉木绵:均为植物名。57香葛兜罗:均为植物名,可用来织布。香葛,多年生草本植物。茎皮可制葛布。兜罗,又作姤罗。58寒暑攸宜:冬夏皆宜。攸,所。59翡翠鹔鹴(sù shuāng):均为鸟名。翡翠,嘴长而直,生活在水边,以鱼虾为食。羽毛有蓝、绿、赤、棕等色,可做装饰品。鹔鹴,古书

171

上说的一种鸟。⑩绣翰：指华丽长硬的鸟羽。⑪玳瑁（dài mào）：动物名。生活在海中，形似龟。⑫蜡质漆章：淡黄色的底子，黑色的花纹。⑬鼠毛之布：传说中用火清洗的火浣布。⑭振之如霜：经火烧后，抖动火浣布，其布如霜般洁白。⑮丹虾：传说中的一种虾。⑯焕烂晶荧：光耀灿烂，晶莹透亮。焕烂，光耀灿烂。⑰抚之不濡：抚摸起来却不沾湿。濡，沾湿。⑱玄象：黑象。⑲熏：棕熊。⑳文狨（róng）：通体花纹的金丝猴。狨，金丝猴。㉑獑猢（chán hú）蜼（wèi）貄（sì）：均为猿猴类的动物。獑猢，猿类的一种。蜼，一种长尾猿。貄，猴属，狒狒之类。㉒髲鬐（pī lí）：毛发或竖或卷貌。㉓嫣姌（yǎn rǎn）蒙茸：皮毛或细长或杂乱貌。嫣姌，细长美貌。蒙茸，杂乱貌。㉔洵（xún）美且温：真是既美丽又温驯。㉕驰毳（cuì）羔绒：指茸毛细小。毳，鸟兽的细毛。㉖丹参紫芝：均为植物名，皆可入药。㉗地胆天麻：俱为中药名。㉘旋阴斡阳：指调节阴阳。中医注重人体阴阳平衡，否则易生病。㉙蜀锦戎毡：俱为纺织品名。蜀锦，指产于四川的锦中名品，属我国传统工艺美术丝织品。戎毡，产于西戎的用鸟兽细毛制作而成的毡子。㉚越纸齐纨：指越地出产的纸，齐地生产的白色细绢。纨，白色细绢。㉛转致流通：辗转而来，四处流通。㉜市：泛指商贸集市。㉝廛（chán）：市中堆积、储藏货物的栈房。㉞镵（chán）山出金：用锐利的器具从山里挖掘出金子来。镵，古代的一种掘土工具。这里用作动词，挖掘。㉟千锸（chā）穿崖：指上千把铁锹穿过山崖。锸，即锹，一种锸地起土的工具。㊱声翻九幽：指声音穿过地下。九幽，极深暗之处，泛指地下。㊲万灶歊（xiāo）烟：指上万个灶台涌起炊烟。歊，气上冲的样子。㊳蜒（yán）艇蛮舠（dāo）：俱为船舶名。蜒艇，蜒人用以为家的船。蛮舠，蛮船；蛮舶。指古代南方从事海上贸易的船舶。㊴罔鳚鳙（yú yōng）：张网捕捉鳚鳙。鳚鳙，即"鳚鳙"。传说中的一种怪鱼。㊵举赤鱬（rú）：捕获赤鱬。举，取。这里引申为"捕获"。赤鱬，传说中的鱼名。㊶络氐（dī）人：用网兜起人鱼。络，用网兜起。氐人，传说中的国名。㊷鼋鼊（gōu bì）：一种龟属动物。㊸缯（zēng）鰝（hào）虾：指网住大海虾。缯，同"罾"，泛指渔网，这里用作动词，指用渔网网住。鰝虾，即大海虾。

○94止水母：捕获水母。止,捕获。水母,一种腔肠动物,种类繁多,如海月水母、海蜇等。○95凿蛎蚝(lì háo)：凿开牡蛎的壳。蛎蚝,即牡蛎。○96鲲：传说中的一种大鱼。○97萦翔鳐(yáo)：将飞翔的文鳐鱼拴缚。萦,拴缚。鳐,文鳐鱼,又名燕鳐鱼。一种飞鱼,传说能在水面或空中做较长距离的滑翔。○98籍(liǔ)鲔(wěi)罳(lù)鲡(lí)：指用叉刺取鲔鱼,用小渔网捕获鲡鱼。籍,叉,一种捕鱼工具,常用来刺取鱼鳖。罳,指小渔网。○99牵铜(tōng)罣(guà)鲈：钩取铜鱼和鲈鱼。罣,通"挂",钩取。○100系鲟(xún)引鳇(huáng)：指捕获鲟鱼和鳇鱼。系、引,这里俱指用鱼线牵拉。○101掣鳄连鲛(jiāo)：拽住鳄鱼并捕获鲨鱼。鲛,生活在海中的一种鲨鱼。○102枕丁胶乙：鱼身上全部的东西。枕,鱼头骨。因鱼头骨、鱼肠、鱼尾分别形似汉字丁、乙、丙字而名之。胶,鱼胶,即鱼肠。○103镞(zú)骨皮箙(fú)：将鱼骨做成箭头,用鱼皮制作箭袋。镞,箭头;箭镞。箙,盛弓箭的袋。○104齿牙锋锷：牙齿如剑锋和刀刃般锐利。○105以函以戟：以此来制作铠甲和兵器。函,指铠甲。戟,古代兵器名。○106瓮鲊(zhǎ)乘鱐(sù)：腌制的鱼要用大水缸装,鱼干要用马车拉。瓮,即大水缸。鲊,腌制的鱼。乘,指马车。鱐,干鱼。○107其利什百：其获利几十倍乃至上百倍。○108腾光吐璟：光彩四射。璟,指玉的光彩。○109闪日烁月：使太阳和月亮的光芒闪烁摇荡。○110冈(bì)：掩蔽;遮蔽。○111致之：享用它们;得到它们。○112意谓象因其珍贵的象牙而被捕杀。后用"象齿焚身"来比喻以财宝招祸。焚(fèn),通"偾",灭亡;毙命。贿,贪图钱财。

难　四

公子曰："九成之堂,^①十亩之庭^②,俯阛阓以当中,^③岌重门之峥嵘^④。甃以砻石,^⑤植以栝^⑥柏,牖以鱼鳞,^⑦洞朗八楞^⑧。左右蜂房^⑨,奕奕翼翼,^⑩冬暄夏清。舆马达于陛除,^⑪鸣驺^⑫导以升阶。高坐华茵^⑬,尊严若神。卒列貔狄,^⑭吏排雁行。肃肃跄跄,^⑮秩秩如也^⑯。听欸传声,神拱鬼诃^⑰。发号施令,理诉决讼^⑱。出言而侍者

辟易⑲，指顾而瞻者踢踖⑳。千人离立㉑，跂望颜色㉒。其喜也，温若春日之熙㉓；其怒也，凛㉔若秋霜之飞。雷霆起于颊舌，㉕而死生判于笔下。吾愿与先生谋之。"

郁离子曰："孔子曰：'富与贵是人之所欲也，不以其道得之，不处也。'㉖仆不愿也。"

【注释】

①九成之堂：宏伟高大的楼宇厅堂。九成，犹九重；九层，九，虚数，言极高。②庭：院子；庭院。③俯阛（huán）阓（huì）以当中：指楼宇处于都市中心，可以俯视繁华的街市。阛阓，街市；街道。④岌重门之峥嵘：一重一重的大门高峻雄伟。岌，高耸的样子。峥嵘，高峻的样子。⑤甃（zhòu）以砻（lóng）石：用平整的石头砌成地面。甃，用砖砌。砻石，磨石，意即平整的石头。⑥栝（guā）：栝树，木名。⑦牖（yǒu）以鱼鳞：窗户犹如鱼鳞般依次相接。牖，窗户。鱼鳞，鳞次，依次相接。⑧洞朗八棂：四面窗户明亮透彻。洞朗，透彻明亮。八棂，八窗玲珑。棂，旧式房屋的窗格。这里代指窗户。⑨蜂房：喻指房屋众多密集。⑩奕奕翼翼：高大美观，齐整有序。⑪舆马达于陛除：车马可直达台阶。舆马，车马。陛除，台阶。⑫鸣驺（zhōu）：古代随从显贵出行并传呼喝道的骑卒。⑬华茵：华美的坐垫。⑭卒列貔貅（pí xiū）：士卒犹如猛兽般排列着。貔貅，相传为两种猛兽，后多连用，比喻勇猛的战士。⑮肃肃跄跄（qiāng）：指部众从堂下走过时，态度恭敬，步趋齐整。肃肃，恭敬貌。跄跄，步趋有节的样子。⑯秩秩如也：有顺序的样子。意即秩序井然。⑰听欬（kài）传声神挥（huī）诃：听到主子的咳嗽声，如同听到神鬼的呵斥一般。意指主人十分威严。欬，咳嗽。挥，挥斥。诃，呵斥。⑱理诉决讼：处理申诉，裁决官司。⑲易：倾倒；拜服。⑳指顾而瞻者踢踖（jú jí）：主子的指点顾盼都会使部众畏惧不安。踢踖，形容畏缩不安。㉑离立：并排站立。㉒跂（qǐ）望颜色：踮起脚向前望，望着主子的脸色行事。跂望，举踵翘望。㉓熙：照射，闪耀。㉔凛：冷；寒冷。㉕雷霆起于颊舌：指一言一语就可决

定一个人的生死,形容非常有威权。颊舌,口舌言语。㉖处:享有;据有。

难 五

公子曰:"款段①之马,黑貂之裘。囊无百钱,橐无赢金②。慷慨辞家,踊跃远游。曳裾而入公门,③掉舌④以动王侯。一语之合,不觉前席⑤,更仆秉烛,熏心酣骨⑥。执鞭为之骇汗,⑦虎士为之吐舌⑧。于是出辞成法⑨,建画为律⑩;条九章⑪以富国,发六奇⑫以制敌。阳谋阴间,神授鬼伏。⑬指挥而白虹贯日,顾盼而长庚入月。⑭盖樗里不能测其机⑮,孟贲不能当其决⑯也。是以一言贵于千金,一诺重于千钧⑰。吹则猛虎竖毛,嘘则寒谷生春。⑱謦欬折五兵,谈笑却三军。⑲气使燕赵之豪,威詟⑳齐楚之君。吾愿与先生论之。"

郁离子曰:"孔子曰:'暴虎冯河,死而无悔者,吾不与也。'仆不愿也。"

【注释】

①款段:马行迟缓的样子。款,缓。②橐无赢金:意谓囊中羞涩。橐,盛物的袋子。赢,多余。③曳裾而入公门:拖着长襟步入权贵之门。指在王侯权贵门下做食客。曳裾,拖着长长的衣襟。④掉舌:鼓舌。指游说。⑤前席:向前移动座位。指想更接近对方。⑥熏心酣骨:让君主听得着迷,觉得畅快。指言谈正合君王心意。熏心,迷住心窍。酣骨,畅快舒适至骨髓。⑦执鞭为之骇汗:车夫因游说者为君王所贵而感到惊恐。执鞭,拿着马鞭,这里指车夫。骇汗,因惊恐而流汗。⑧虎士为之吐舌:勇士因游说者为君王所贵而感到吃惊。虎士,周官名。属虎贲氏。担任君王出行时护卫之职。后改称勇士。吐舌,吃惊的样子。⑨法:法规。⑩建画为律:做出的筹划就成了律令。⑪条九章:把治理天下方法分为九大类。条,分条列举。九章,即"九畴",相传大禹治理天下的九类

大法。⑫发六奇:阐发六条奇计。六奇,汉陈平曾为高祖刘邦谋划的六条奇计,以建立和巩固汉王朝。后泛指出奇制胜的计策。⑬阳谋阴间(jiàn),神授鬼伏:指明谋暗计有如神授,连鬼都表示敬服。阴间,暗中离间,意即暗计。⑭指挥而白虹贯日二句:意谓一举一动都会惊动上天。白虹贯日、长庚入月,两种天象,古人认为它们由人间重大事件所感应而产生。⑮樗(chū)里不能测其机:连樗里子都不能测度其中的玄机。樗里,人名,自号樗里子。多智慧,善言辞,秦人以"智囊"号之。⑯孟贲(bēn)不能当其决:连勇士孟贲都不能抵御其勇决。孟贲,战国时著名勇士。当其决,抵御其勇决。当,抵御。⑰钧:古代重量单位,一钧为三十斤。⑱吹则猛虎竖毛,嘘则寒谷生春:吹一口气,即便是猛虎,也要皮毛直竖,呵一口气,即便是寒谷,也能温暖如春。这里用以比喻其人十分厉害。⑲謦(qǐng)欬折五兵,谈笑却三军:咳嗽谈笑之间就把敌军击退打败了。极言其人本领高强,不费吹灰之力就能大获全胜。謦欬,咳嗽。五兵,本指五种兵器,后泛指军队。三军,泛指军队。⑳威詟(zhé):震慑;镇服。

难 六

公子曰:"戎卒十万,虎贲①三千。犀革②之车,驾以驶骃③,服以骃骎,④造父御戎,⑤乌获为右⑥。士如熊罴⑦,马如腾龙。豀阚枭然,⑧殷谷訇丘⑨。挂以重铠,被以鲛函。⑩炫耀冬冰,⑪烨煜晨星⑫。纯钩太阿,⑬缦理龟鳞⑭。雄戟扬虹,⑮夸矛掣蛇⑯。舒光发辉,上缠斗杓⑰。乃有角端之弓⑱,鱼牙之矢,⑲控弦而满月在手,覆骃而蹲甲吞羽⑳。黄间溪子时力距黍,㉑九牛引挽㉒,发㉓若雷吼。于是乎白羽如荼㉔,赤羽如苤㉕;大旆鐏旗,植以玄戈。㉖建九斿之霓旗㉗,蔚云旋而姦回㉘。山陵为之低昂,太阳为之寝光㉙。乃布天衡,乃列地冲。㉚风云鸟蛇,龙虎翕张。㉛屹兮如山,俨兮若城。㉜浑浑沌沌,莫窥其形㉝。吾愿与先生将㉞之。"

郁离子曰："孔子曰：'俎豆之事，则尝闻之；军旅之事，未之学也。'㉟仆不愿也。"

【注释】

①虎贲：人名，战国时著名勇士。后泛指勇士。②犀革：犀牛皮，非常坚硬。③駃騠(jué tí)：一种优良名贵的马。④服以駒駼(táo tú)：用骏马駃騠驾车。駒駼，传说中的良马名。⑤造父御戎：造父驾战车。造父，古人名，著名的善御者。戎，戎车，战车。⑥乌获为右：乌获为护卫。乌获，古人名，战国时秦国力士。右，车右。⑦熊黑：熊、黑皆为猛兽。因以喻勇士或雄师劲旅。⑧豁阚(hǎn)咆然(páo xiāo)：指骏马嘶鸣如同虎吼。豁阚，指老虎的叫声。咆然，即"咆哮"，常指猛兽怒吼。⑨殷谷訇(hōng)丘：巨大的声音震荡山谷。⑩被(pī)以鲛函：身穿鲛鱼皮制作而成的铠甲。被，通"披"，穿。函，指铠甲。⑪炫耀冬冰：闪耀宛如冬日的冰块。⑫烨煜(yú)晨星：闪烁如同天上的星辰。以上两句比喻铠甲闪亮耀眼。⑬纯钩太阿(ē)：均为古宝剑名。纯钩，又称纯钧，相传为春秋时欧冶子铸造。太阿，相传由春秋时欧冶子、干将共同所铸而成。⑭缦理龟鳞：指剑鞘、剑把的装饰。⑮雄戟扬虹：雄戟在空中划过，犹如扬起一道彩虹。雄戟，古兵器名。⑯夽(qiú)矛掣蛇：长矛挥舞，宛如疾飞的长蛇。因长矛又称蛇矛，故本句谓长矛宛如长蛇。夽矛，有三棱锋刃的长矛。⑰斗杓(biāo)：斗柄。指北斗七星中的第五至第七星，即衡、开泰、摇光。⑱角端之弓：指用角端之角制成的弓。角端，传说中的兽名。⑲鱼牙之矢：用鱼的牙齿制成的箭头。⑳覆骕(xiāo)而蹲(cǔn)甲吞羽：指离弦之箭穿透厚厚的皮甲，箭羽尽没其中。覆骕，指箭满弓而出。骕，弓的末梢处。蹲甲，指把皮甲重叠在一起。㉑黄间溪子时力距黍：黄间、溪子、时力、距黍，皆为强弓劲弩名。㉒引挽：牵引，拉弓。㉓发：指把箭射出去。㉔白羽如荼：白色的军旗宛如白色的荼花。白羽，又称白旄，古代军中主帅所执的指挥旗，后泛指军旗。荼，泛指茅、芦一类植物所开的白花。㉕赤羽如茳(hóng)：红色的军旗宛如茳花。赤羽，红色的旗帜。茳，

177

一种草本植物,花粉红色或白色。这里指代荙花。㉖大旆(pèi)鑾旗,植以玄戈:各种旗帜都用玄戈擎着而高高竖立。旆,旌旗。植,竖立。玄戈,古代兵器名,由青铜铸造,横刃,有长柄。㉗九斿(liú)之霓旗:彩旗名,有九条丝织垂饰。㉘蔚云旋而猋(biāo)回:指飘荡的旗帜宛如空中回旋的云彩。猋,通"飙",暴风;旋风。㉙寝光:阳光隐没,即指光辉暗淡。㉚乃布天衡,乃列地冲:布下天衡、地冲阵。天衡、地冲,俱为阵名。㉛风云鸟蛇,龙虎翕(xī)张:古代布阵,往往仿效天象、动物之形。㉜屹兮如山,俨兮若城:指所布之阵如同高山、城墙般坚固。㉝浑浑沌沌,莫窥其形:所布之阵使敌人迷惑,无人能窥测其形。指所布之阵变幻莫测。㉞将:统领;率领。㉟俎豆:俎、豆,俱为古代盛肉食的器皿,祭祀时所用,这里代指祭祀之事。

难 七

公子曰:"西方之域,有真人①焉,广大神通,浩浩无涯。其力可以斡造化②,回天地;其功可以拯垫溺③,拔罪苦④。起死扶生,剖顽烛冥⑤。窈窈惛惛,⑥荡扫六淫⑦;寂寂默默,⑧涤除百惑。如翦草莱,不遗一荄⑨;如龙用壮⑩,莫我能当。不震不摇,障翳⑪自消;不悚不难,⑫百怪自散。如镜去尘,其光粲新⑬;如莲出水,净无泥滓。以能不灭不生,长存至精;不形不体,无往不在。⑭放之无外,收之无内。⑮幽静恬漠⑯,永享至乐。吾愿与先生求之。"

郁离子曰:"孔子曰:'攻乎异端,斯害也已。'⑰仆不愿也。"

【注释】

①真人:道教称"修真得道"之人,亦泛称"成仙"之人。②斡(wà)造化:扭转乾坤。斡,扭转,旋转。造化,指天地、乾坤、自然。③垫溺:沉没,淹入水中。这里代指灾难。④拔罪苦:把人从苦海中拽出来。拔,拽出;抽出。⑤剖顽烛冥:剖析刁顽,洞悉愚昧。烛,明察;洞悉。⑥窈窈惛

惽(yīn)：幽深寂静。窈窈，深奥貌；深远貌。惽惽，无声安静貌。⑦六淫：六疾。指由阴、阳、风、雨、晦、明六气太过所造成的六种疾病。后泛指各种疾病。⑧寂寂默默：静寂无声。⑨荄(gāi)：草根。⑩用壮：即逞强，这里代指矫捷或勇武。⑪障翳：本指物体表面蒙上的灰尘等物。这里泛指一切有害物质。⑫不悚不难(nàn)：没有恐怖和劫难。⑬粲新：鲜明新洁。⑭以能不灭不生，长存至精；不形不体，无往不在：属道家思想。意谓不生不灭，精华永存；无形无体，无处不在。至精，达于极致的精气。⑮放之无外，收之无内：意谓放开去没有边际，收拢回来没有中心。指内外不存在区别，意即达到了无我的境界。内、外，即自身与外物。⑯恬漠：恬适安静。⑰攻乎异端，斯害也已：意谓批判那些异端邪说，祸害就会自然消失。异端，指不合正道的邪说。斯，指示代词，这。已，止息。

难　八

公子曰："太极浑浑，①分为乾坤②。乾坤翕辟③，结为日月。日月代明，④播为五精⑤。二五媾真，⑥形而为人，玄黄两间，⑦独为物灵⑧，得天全⑨也。是故轩辕⑩黄帝访于广成子⑪而受诀焉，其诀曰⑫：'穆清瀏兮泂杳冥，⑬洞晃朗兮观吾庭⑭。扫氛埃⑮兮驱虫蛇，部署⑯众神兮集予家。时风雨兮若晦冥，⑰疏不壅⑱兮待其生。调其行兮和厥止，⑲保其受兮为孝子⑳。收六区兮归一握，㉑仁灵芽兮苴乃核，㉒乘应龙兮入寥郭㉓。'吾愿与先生追之。"

郁离子曰："《语》曰：'死生有命。'仆不愿也。"

【注释】

①太极浑浑：太极混沌。太极，中国古代重要的哲学概念，指最原始的混沌之气。浑浑，即混沌，指天地开辟前元气未分、模糊一团的状态。②乾坤：指天地间化生万物的阴阳二气。乾为阳，坤为阴。③翕(xī)辟：启闭，开合。④日月代明：太阳和月亮交替闪耀大地。代，更迭；交替。

⑤五精:中医上指心、肺、肝、脾、肾五脏的精气。⑥二五媾(gòu)真:指二气(阴、阳)与五行(金、木、水、火、土)交合。媾,交合;会合。真,指未经人为的东西。这里指本原、本性等。⑦玄黄两间:天地之间。天是玄色,地为黄色,这里指代天地。⑧物灵:万物的灵长。⑨得天全:得益于上天的成全。⑩轩辕:即黄帝,姓公孙,名轩辕,传说中的五帝之首。⑪广成子:古代传说中的神仙。⑫其诀曰:以下为广成子传授给轩辕的口诀,其意难详,仅对某些不甚明了的句子做字面上的注释。⑬穆清瀏(liǎo)兮汤(wù)杳冥:清澈明朗的天空幽远深微。穆、清瀏,俱为清澈明朗貌。汤,深微;幽深。杳冥,指天空。⑭洞晃朗兮观吾庭:天虽幽昧莫测,但因洞悉其奥秘,心也变得明亮了。洞,洞悉;通晓。晃朗,明亮貌。⑮氛埃:尘埃;污浊之气。⑯部署:布置;安排。⑰晦冥:阴沉;昏暗。⑱壅:堵塞。⑲调其行兮和厥止:指调整自己的行为,止于所当止。即谓太甲应遵循祖先成汤的德行,谨慎自己的行止。和,适中。⑳保其受兮为孝子:意谓承受先人的德业并注意保持,使自己成为一名孝子。㉑收六区兮归一握:指将天下掌握在自己手中。六区,上下四方,泛指天下。一握,即一掌之中。㉒仁灵芽兮苴(jǔ)乃核:意谓保养神明本性,抱元守一。仁,养。灵芽,指神明本性。苴乃核,包住最核心的东西。亦即道家所谓的"守一",专一精思以通神。㉓乘应龙兮入寥郭:骑上应龙到人间仙境去。应龙,神话中有翼的龙。寥郭,通"寥廓",空旷深远。这里指人间仙境。

难 九

公子曰:"愿闻先生之志。"

郁离子愀然①曰:"公子,三王既没,②孔子道塞,③九流杨墨,④百家⑤并出。淫辞横说,⑥从横反复,⑦惨害阴毒,恫疑恐惑,⑧变幻白黑,⑨如焱⑩之发,可使晦日⑪;如水之激⑫,可使漂石⑬。紫纡回遹,⑭以矗以贼⑮。此其章章⑯者也。其矫者则谓天地为蘧庐,⑰黔首⑱为虫蛆,文章礼乐,⑲皆不足为。以耀以夸,⑳使人染之如膏,吞之如钩,虚浮谲诡㉑,诳生罔死,㉒舍形索影,㉓慢弃伦理㉔。此皆迷生之曲蹊,㉕蠹世㉖之巨蝎也。方今成弧绝弦㉗,枉矢㉘交流,旬始挽抢,㉙降魄流精,㉚为貙为豺,为蛟为蛇㉛。犬失其主,化为封狼㉜,奋爪张牙,饮血茹肉。淫淫㴒㴒,㉝沉膏腻㉞穷渊,积㉟骸连太陵,㊱无人以救之,天道几乎熄矣。而欲以富贵为乐,嬉游为适,不亦悲乎?仆愿与公子讲尧禹之道㊲,论汤武之事。㊳宪伊吕,㊴师周召,㊵稽考先王之典,㊶商度㊷救时之政,明法度,肄㊸礼乐,以待王者之兴。若夫旁途捷歧,㊹狙诈诡随,㊺鸣贪鼓愚,㊻侥幸一时者,皆不愿也。"

于是公子愀然㊼,颐颊发赤,㊽目眙舌强,㊾再拜受教曰:"鄙人㊿不学,乃今日始闻先生之言,如垢得涤51。愿为弟子,幸甚至哉!服膺无斁52。"

【注释】

①愀然:脸色改变的样子。②三王既没(mò):夏、商、周三代君王已不在人世。三王,指夏、商、周三代君王。没,通"殁",死,去世。③孔子道塞:孔子的政治主张行不通。④九流杨墨:泛指各种学术流派。杨墨,即"杨朱"和"墨翟",前者主张爱己,后者倡导兼爱。⑤百家:指学术流派多。⑥淫辞横说:言论邪僻,巧言强辩。淫辞,邪僻荒诞的言论。横说,犹强辩。⑦从横反复:千变万化,反复无常。从横,喻指反复无常。⑧恫疑恐惑:恐惧多疑,恐怖迷惑。⑨变幻白黑:颠倒黑白。⑩猋:同"飙"。暴风,狂风。⑪晦日:遮蔽太阳。晦,遮蔽。⑫激:水流受阻而飞溅、腾涌。⑬漂石:使石头漂浮。⑭萦纡回遹(yù):言辞邪僻。萦纡,曲折回旋。回遹,邪僻。⑮以蟊(máo)以贼:蟊,泛指吃禾苗根的害虫;贼,泛指吃禾苗节的害虫。这里用以比喻对人或国家有危害的人。⑯章章:显著。⑰其矫者则谓天地为蘧(qú)庐:那些想要匡正世道的人则把天地看作驿站。矫者,想要匡正世道的人。矫,纠正;匡正。蘧庐,传舍,指古代驿站中供人休息的房子。⑱黔首:战国和秦朝对国民的称号,后泛指平民百姓。⑲文章礼乐:礼乐制度。⑳以耀以夸:大肆炫耀自己的主张。

㉑谲诡:变化多端。㉒诳生罔死:欺骗迷惑生者和死者,意即欺骗世人。㉓舍形索影:舍弃本体,追求影子。意即本末倒置。㉔慢弃伦理:轻视舍弃人伦道德。慢,怠忽;轻忽。弃,舍弃。伦理,指人与人相处的各种道德准则。㉕此皆迷生之曲蹊:这全都是迷惑世人的邪路。蹊,小路。这里指邪路。㉖蠹世:败坏世道。蠹,蛀蚀;败坏。㉗成弧绝弦:指弧星损落。弧,弧矢,星宿名,又名天弓。相传它负责看管专造灾祸的天狼星。弧星断弦,不能司其职,古人认为这种天象是一种凶兆。㉘枉矢:星宿名。因其弯曲不直故名枉矢。枉矢所过是一种以乱伐乱之象。㉙旬始挽抢:俱为星宿名。旬始,古人认为是妖星。挽抢,即"天挽"、"天抢"。也被古人认为是妖星,主兵祸。㉚降魄流精:意谓妖星的妖孽之气从天而降。㉛为貙(chū)为豺,为蛟为蛇:意谓妖星的妖孽之气降落下来后变成了毒蛇猛兽。㉜封狼:大狼。封,同"丰",大。㉝淫淫潏潏(zhuó):如同水流不止。淫淫,流落不息貌。潏潏,水声。㉞沉膏腻:意谓尸气牲血所化的浑浊之气积聚不散。㉟穷渊积:积水成渊,这里有遍地洪涝之意。㊱骸连太陵:堆积的尸骸与泰陵相连。太陵,泰陵。唐玄宗、宋哲宗陵俱名泰陵。㊲讲尧禹之道:谈论尧禹的治国之道。㊳论汤武之事:讨论成汤、武王的政事。汤、武均为古人所称颂的"圣王"。㊴宪伊吕:效法伊尹、吕尚。宪,效法。伊吕,指伊尹和吕尚,均为古代贤相的典范。㊵师周召:学习周公、召公。师,效法;学习。㊶稽考先王之典:考察先代君王的典章制度。㊷商度:商议考虑。㊸肄(yì):研习。㊹若夫旁途捷歧:至于歪门邪道。若夫,至于。旁途捷歧,正道之外旁出的路,意即歪门邪道。㊺狙诈诡随:意谓暗中窥视,随机欺诈。狙,暗中观察动静。诡,欺诈。㊻鸣贪鼓愚:鼓励贪婪之心,倡导愚妄之念。鸣、鼓,皆有助威之意。㊼赧(nǎn)然:惭愧脸红的样子。㊽颐频发赤:腮颊发红。㊾目眊(mào)舌强:眼睛失神,舌头不柔顺。眊,眼睛失神,视物不清。强,不柔顺;僵硬。㊿鄙人:谦辞,鄙俗之人。51如垢得涤:犹如污垢得到洗刷一样。52服膺无斁(yì):永记在心。服膺,铭记在心。斁,终止。